La Licorne Bleue
TOME III
Un Roi
et
Une Femme

ADSO

La Licorne Bleue Tome III

Un Roi

et

Une Femme

Préface :

Évoquer la main c'est évoquer la puissance : Dieu posséderait des mains selon la kabbale : justice et miséricorde. Toutes les civilisations, avec plus ou moins de subtilité ont utilisé le langage des gestes et des mains. Placer ses mains dans celles d'autrui, c'est remettre sa liberté. Geste de confiance et d'amour pour et avec la vie. Une vie, gérée par des mains supérieures qui savent être douces et mélodieuses quand il le faut.

C'est à la harpe que les dieux ou leurs messagères des pays du Nord jouent *Le mode du sommeil*, qui endort irrésistiblement ceux qui l'entendent, au risque de les faire passer parfois dans l'au-delà. En Égypte ancienne, existait un harpiste aveugle qui exaltait la recherche au bonheur quotidien. Qu'importe le Graal invisible ne nécessite donc pas le regard. Mais il implique à l'Homme, son cœur, son respect, le Graal attend l'amour du monde.

La quête du Graal inaccessible symbolise : l'aventure spirituelle. Le Graal est invisible ; et sa quête en est d'autant plus intense. On rapproche parfois de la fontaine de vie, le sang et l'eau qui jaillissent de la plaie du Christ. On retrouve le mythe de la fontaine de jouvence dans les poésies d'Ovide et de Virgile. Dans le palais des Khans de Crimée, elle était déjà célèbre pour sa fontaine qui selon la légende pleurait. Selon la Bible elle naît au pied de l'arbre de vie, au centre du paradis terrestre et se divise ensuite en quatre fleuves vers quatre directions de l'espace. La colombe traduit là, le principe insécable de l'âme et enseigne aux humains, par sa simple présence : un désir universel de paix et de justice.

La colombe, symbole de pureté, candeur, honnêteté, innocence, et de simplicité : droiture, franchise, modestie et toute absence de prétention. Avec le Nouveau Testament, elle finira par représenter le saint-Esprit. Dans la mythologie Grecque, la colombe, est l'oiseau d'Aphrodite ; elle représente l'accomplissement amoureux que l'être aimant offre à son désir : paix, harmonie, espoir, bonheur retrouvé. Dans la mesure où l'âme s'approche de la lumière dit Grégoire de Nysse : "elle devient belle et prend dans la lumière la forme d'une colombe." La colombe devenant ainsi, l'exaltation : l'extase, l'exultation, la béatitude. La colombe existe en réponse à l'isolement et au génocide.

Einstein face à l'horreur provoquée par la bombe atomique déclare : *"Ma responsabilité dans la question de la bombe atomique se traduit par une seule intervention : j'ai écrit une lettre au président Roosevelt. [Je savais] le risque universel causé par la découverte de la bombe. Mais les savants allemands s'acharnaient sur le même problème et avaient toutes les chances de le résoudre. J'ai donc pris mes responsabilités."*[1] Einstein est devenu un mythe des sociétés modernes, il a su anticiper, et stopper le processus de destruction totale. La guerre du Pacifique, prit fin avec le bombardement de Nagasaki. L'empereur Hirohito annonce à la radio la capitulation du Japon. Nous pouvons contester certains faits, mais pas les guerres qui détruisent tant d'existences. La vie est le fondement inhérent à l'humanité.

---

[1] Albert Einstein, « *Comment supprimer la guerre* », dans « *Comment je vois le monde* », (1934-1958), éd. Flammarion, coll. Champs, 1989, chap. 2, « Politique et pacifisme », p. 52.

© 2016 ADSO

Édition : BoD- *Books on demand*
12/14 rond-point des Champs Elysées
75008 Paris
Imprimé par – Books on Demand, Nordestedt
ISBN : 9782322104932
Dépôt légal mars 2018

La licorne bleue et la main

Elle se souvient,
De cette jeune vierge qui l'a touchée
Laquelle des deux souriaient sans oser se regarder ?
La licorne tremblait de joie, honorée
La jeune fille voyait toute cette pureté, toute cette beauté.
Elle était comme un enfant émerveillé,
Qui voit l'océan pour la première fois
Comprendre la liberté comme un éclat,
Du droit humain,
Tendre les mains,
Poser les fusils,
Rendre cet honneur que l'on doit à la vie.
En tant qu'habitant de la planète,
Proposer la trêve,
S'ouvrir à la quête
De nos rêves.
Mêler ma sève
Je veux rêver à ma licorne et à mon roi,
Encore et encore une fois.
Si tu acceptes de me recevoir,
Dans l'avenir de tes bonsoirs,
T'embrasser, toucher tes mains,
Et te laisser sentir mon parfum.
Le soir, le matin,
Et tous nos lendemains,

Où j'irai vers ton rêve
À ta sève.
Pour que tu oublies quelques instants la guerre
Parfois, je suis une prière
Mais je serai toujours la première,
À te voire construire la matière.
Le rêve est mon désir de vie,
Pour toi à l'infini :
Tu sculptes l'énergie
De nos nuits.
Tu traverses le silence
Et tu comprends l'importance,
De mon amour pour toi,
Qui ne s'éteindra pas,
Ne serait-ce qu'une seule fois …
Toute ma vie, je serai heureuse d'être à tes côtés.
Puisque tu es l'unique homme que j'aime pour l'éternité.
Et que sans toi, l'éternité n'aurait aucun intérêt,
Tu me fais rêver à la danse des voiliers,
Qui flottent indolents sur l'océan des étés.
Tu es mon soleil de joie, d'amour et de liberté,
J'aime, j'ai besoin de rêver de toi, de tes mains
Et l'éternité s'est arrêtée, un jour secret, incertain
Où j'ai vu ta puissance,
Dont je n'ai qu'une part de connaissance.
Connais-tu toi-même la Force que tu détiens ?

Tu deviens,
Cet homme que j'aime de plus en plus loin,
De plus en plus fort
Parce que dans chacun de mes rêves, tu dors dans mon corps.
Et j'ai besoin de ton regard dans ces nuits,
Pour oublier que mon corps a été meurtri,
Depuis toi, je n'ai plus mal,
J'ai trouvé un idéal …
Et lorsque je m'emporte dans tes bras,
C'est pour tout vivre de toi.
Je te donne ma présence,
Qui s'inscrit dans ton espérance
Tel un arbre onirique,
Où chaque fruit a une puissance quasi-magique,
Je veux te nourrir
Te faire redécouvrir ton avenir,
De plus en plus glorieux, chaque nuit,
Tu es plus beau que la bénédiction de la vie.
Ta fatigue, je l'honorerai,
Et l'acte charnel, sera le miracle de certaines soirées,
Il sera la réponse de Dieu à notre éternité.
Il admire notre amour depuis le ciel.
C'est un pur instant réel,
Et en même temps irréel,
Lorsqu'ensemble, parfois nous fermons les yeux,
Tes yeux sont la réponse à mes vœux

Un chant, un rêve si doux,
Que mes rêves te rêvent partout,
Tout le temps, je me couche dans tes mains,
Et je deviens,
Ta femme,
Te laisser sentir mon âme
Pour embellir de jour en jour,
Notre histoire d'amour.
Toi et moi, lovés dans notre bonheur alternatif,
Loin des êtres agressifs qui ne parlent qu'avec des superlatifs.
Tel est mon rêve le plus profond,
Le rêve qui me confond,
Dans une réponse à ton univers,
Tu deviens tout mon ciel, toute ma terre.
Je lave tes mains avec le sourire des fées.
Et de chaque matin, toutes les rosées.
Et c'est la continuité du rêve, la fleur bleue qui se nomme terre.
Immortelle, car les anges ramènent du système stellaire,
L'origine de notre vie.
Ce que l'Éternel a suggéré dans son infini.
Nous sommes nés au pays des songes
Et je suis toujours quelque part où je m'allonge,
Où je pense, à la vie, à l'amour avec toi,
Tu es le plus pacifique roi.
Qui offre à moi, les couloirs de la joie.
Et la licorne en voyant tes mains est à la porte du sommeil

Chaud, qui protège nos merveilles,
Elles sont intarissables.
Et conjugables
De mes rêves à ta réalité.
Que personne ne peut maitrîser,
Mais au moins faire fleurir, sur le chemin de cette si belle paix.
Dieu rêve encore de bénir ses créatures,
Et de faire fi de leurs côtés obscurs.
C'est à l'issue de ses rêves que l'Homme devient meilleur,
Les Vogons ne rêvent plus,
Arthur Dent les a empêchés de répandre la terreur
Ils ne cherchent plus ;
Le temps a répondu :
Vos rêves sont la seule dimension,
Où il n'y a plus besoin de question
Puisque la seule réponse est cet arc-en-ciel,
Le plus beau soleil du sourire de l'Éternel
Qui vogue jusqu'à l'horizon,
Qui est un phénomène naturel pour les enfants,
Et un rêve pour les hommes devenus grands.
Mais devant la lumière du jour, nous sommes tous enfants,
De la matrice universelle,
Des rêves d'un accouchement sans séquelles.
Veux-tu être le père de mes poèmes ?
Aussi fort que je t'aime !
Tes mains sont la volonté du plus beau rêve.

Merci.
Tous tes rêves
Par ma vie,
Sont des souvenirs éblouïs.
Tu peux tout me demander,
Puisque c'est toi, j'y accéderai.
Tous tes rêves deviendront réalité.
J'en ai longuement parlé à toutes les fées,
Les fées du jour, de la nuit, des rêves, des mystères.
Je ne pourrais dès lors que me taire,
Devant les promesses tacites,
Offertes à l'insolite.

Et ce rêve ne sera pas éphémère puisqu'il a touché l'être sacré ;
Et donc existera à tout jamais !
La licorne et la jeune fille se confondent en amour,
Et le soleil descend du jour
Pour les embrasser,
Et c'est à la fois une humilité et une fierté.
Et l'enfant prie les mains levées,
Les yeux, pleins de cette rosée
Que la licorne chante dans un éclat de roses,
C'est pour cela que certains êtres osent
S'envoler en milliers de fleurs
Pour rendre grâce à l'animal de bonheur.
Qui aime galoper sous la lune et les étoiles de jour,

Les étoiles et la lumière de certains amours.
Beaucoup d'humains rêvent de la voire, de la caresser.
Mais la licorne n'accepte qu'une main,
Celle d'une jeune fille pure qui a ouvert ses yeux avec toi,
Dans ce matin
Où tu fus sacré roi.
Nous pouvons donc dire que la licorne et toi
Ont découvert ensemble le même temps,
Et dès lors est apparu l'amour, séparé définitivement de la haine,
L'amour s'est envolé dans les vents,
Pour mieux nous entourer.
La haine flotte comme un brouillard
Sur des remparts,
Où tu ne poseras jamais ta main,
Car ils s'écrouleront seuls sous le hasard qui brise les chaînes
Le hasard n'aime pas la mort,
Il n'aime que les chants où la fée dort,
Puisque c'est elle qui aide la vie à jaillir.
Il y a le hasard et le destin : l'avenir.
Je n'ai pas choisi de serrer ta main,
J'ai choisi d'être le parfum,
De ta nudité,
De ta simplicité.
C'est toi qui l'as voulu,
Comme un arbre aux feuilles nues
A voulu la pluie :

Comme ce chaman qui a dansé et chanté toute la nuit.
Et dont le pouvoir passe par tout son corps,
Mais principalement par ses mains couvertes de tout l'or,
De sa tribu, et qui au jour de sa mort,
Lui tient la main pour recevoir son héritage spirituel,
Et qui dans un désert choisi de libérer son âme : universelle,
Holistique.
Qui, de par son être total, et pas seulement magique ;
Et sa volonté de préserver ses racines natales
Combat avec velléité les forces du mal.
Chante et danse, une dernière fois,
Devant la mort
Une ultime fois
Et, je les entends, pour que demain encore
Ces chants,
Devant mes mains
Souriantes face aux devins
Aiment caresser toutes ces vies,
Lorsque cela leur est permis …
Et si cela l'est à moi aussi.
Si ta main est comme un arbre dont peu importe la couleur,
Si ta main est un sourire, qui regarde là-haut, les lueurs
Si ta main sent ce qui se cache, si ta main glisse sur tous les cœurs,
Et surtout sur l'accalmie de l'océan
Après les tempêtes, les vents,
J'ai senti ta main me caresser,

J'ai senti ta joie de t'arrêter
Un instant
Pour emporter
Sur ta longue route parsemée de mes pensées d'amour,
J'ai la sensation de t'aimer pour toujours.
Et de te vêtir
Du soleil de l'avenir,
De soie,
De joie,
Parce que c'est ta main de roi.
Qui connaît chaque instant ;
Un fragment descellé du temps
Le temps se soumet devant ta main,
Même si aujourd'hui offre une fleur pour ton prochain matin.
Et tu construis des murs devant pour ne garder que le vent,
Cette liberté qui est née devant toi,
Tu n'as qu'à te lever,
Et marcher : je suis comme je l'ai toujours été près de toi.
Un simple moment près de toi,
Qui ne s'arrête pas.
Et mes yeux revoient la lumière.
Devant la beauté de notre mystère ;
J'appartiens à la grandeur de tes secrets, peut-être d'une prière
Où mes yeux, mon âme rêvent de faire partie de ton temps,
Lorsqu'ils te parlent des beautés inconnues de l'océan.
Une main de femme …, qui cueille les fruits.

La femme est fruit, la femme est vie.
Quelle différence avec l'homme lui aussi en vie ?
L'homme est le protecteur de la femme,
Mes yeux te suivent aussi loin,
Que vont nos chemins.
Parce qu'il l'aime et qu'elle est son énergie.
L'Homme cherche souvent ce que la femme
Regarde dans le lointain, sans comprendre les signes,
L'âme ?
Les signes ?
Que je déchiffre instinctivement quand je te sens en danger,
Tu es mon prince, mon roi ensoleillé.
Tu embellis le monde dans une clarté,
D'un amour que je t'envoie sans arrêt.
Car mon soleil a envie de poser des perles de couleur sur tes yeux
Je veux que tu sois heureux,
Et toujours amoureux.
Je ne peux survivre sans ton amour.
Puisque je suis en amour avec cette lumière du jour,
Qui irradie depuis le bout de tes doigts,
Je ne suis qu'à toi,
Il n'y a pas de roi plus doux que toi.
Et dans ce monde être doux est un exploit,
Mais la douceur n'est pas que caresse,
Elle est intelligente dans la tendresse
Ton arbre est intelligence, et tes fruits sont juteux,

Il rassasie la faim, la soif de celui qui est malheureux
Et qui n'ose le dire.
Tout mon avenir,
Est ouvert sur ton sourire,
Et ta main qui réajuste l'empire
De l'amour, de la force.
N'oublie jamais tant que tu seras roi,
La force ne sombrera pas.
Puisqu'elle est force.
Tout ce que D. nous a offert
Pour être heureuse de t'avoir découvert.
Pardon d'avoir ouvert le jardin,
Des survivants du déclin,
Mais c'est pour les laisser voyager
Et retrouver l'éternité.
Tu es la réponse à cette prière que je fais dans la nuit,
Ma maison est pleine d'anges endormis,
Depuis toi, ils ont envie que tu ne meurs jamais,
Car chaque jour, où que tu ailles, tu portes le plateau de la paix,
Qui porte le miroir de la conscience des dirigeants,
Savent-ils encore, ce qu'est un enfant ?
Un champ ?
Une clairière ?
Quelques éclats de lumière ?
Une forêt ?
Une emprise sous tes baisers ?

Regarde devant,
Et dit leur de se taire,
Devant l'enfant qui ne sait ce qu'est la nationalité ?
Une prière pour tout ce que tu attends de ma vie.
Une fidélité absolue,
Une voie, dans la nuit entendue.
L'amour de ton infini,
Le monde n'est pas assez grand
Pour contenir ton cœur,
Alors je tisse avec des fleurs,
Un nouveau continent,
Pour toi, et le secret de nos nuits.
Tout au long de notre vie.
La confiance en ton respect lorsque je suis nue
Parfois le combat cesse et l'amour continue …
Les mains posées sur tes mots.
Tu chevauches et tu pars dans des galops
Et dans cet immense trajet,
Absolument rien ne t'effraie.
Tes cheveux dans le vent, aucune cavalcade n'est plus belle
Tu es magnifique, bon, doué, brillant et sensuel.
Et je suis la seule femme qui t'aime solennellement,
Je dessine ta couronne, je te montre où sont les diamants,
Si convoités
Mes diamants pour toi, sont des mélopées,
Si douces,

Qui donnent à notre terre, la forme d'une course.
Tous les soirs j'offre un chant,
(En espérant te voire dans le firmament)
À la licorne pour te protéger.
Et que tu ne cesses de m'aimer.
Je sens ton souffle sur ma peau,
Et le vent n'est plus qu'un rideau.
Je choisis ta main
Car c'est le premier contact entre les humains
Mais tu mérites davantage,
Le soir des sages.
Ils prient, chantent comme un rêve qui pleure,
Et c'est toi qui veut réunir leurs cœurs,
Pour les aider dans le fond de leurs prières
Lorsqu'ils veulent parler aux justes de la terre,
Ils ne sont plus très nombreux,
Mais transmettent par la yad, l'espoir des jours heureux.
Tu n'as qu'à tendre la main,
Tu n'as pas peur de demain,
Tu n'as peur de rien.
Dans tes efforts les sueurs sont des évanescences océanes
Bordées par toutes les ailes diaphanes,
Comme ton cœur transparent,
Les voyages dans les yeux de tous les enfants,
Les bercer longuement,
Vers tous les pays

Dont la vraie vie, leur donnera envie.
Et les eaux de ton esprit coulent sur ma bouche
Quand tu penses que tu la touches,
Je suis née femme
Et je suis heureuse de te laisser voire mon âme,
Pour te montrer tous les soleils,
Que je vois se coucher
Vers ces étoiles qui ne sont jamais pareils
Mais qui savent se parler,
Car elles savent qu'elles ne doivent se séparer,
Au risque de faire pleurer la terre,
Laisse-moi écouter tes prières.
Poser tous les jours, ma pierre à côté de ta pierre,
Travailler dans l'amour,
Pour gagner l'ignorance des vautours.
Le travail parfois est touché par les anges diaphanes.
Je travaille, parfois je plane,
J'ai tellement besoin que les oiseaux chantent.
Invisibles, ils ont les mains comme des ailes transparentes,
Translucides et pleines de ta lumière
Ils forment plusieurs cercles concentriques autour de la terre,
Qui sont à la fois dans les cieux et sur le sol.
Et souvent frôlent ton corps
Pour savoir si tu les aimes encore,
Tu es aimé par des milliers d'Hommes et d'oiseaux
Et par moi, qui réapprends mes premiers mots.

Pour m'élever encore plus haut,
Près de ton trône majestueux,
Là où mes yeux redeviennent heureux.
La sensation passe par la perception
Et parfois, traduite par la raison.
L'ange a des mains qui enchantent
Les nuées de sable autour des tentes.
Ou des mains qui pardonnent encore.
Un monde vide d'amour céleste serait déjà mort,
Mais regarde il subsiste encore
Puisque l'amour a choisi de rester encore,
Pour réchauffer l'Homme qui a froid, seul, dehors
Et que les badauds traitent comme un animal déjà mort,
Et si je lui souris, cela suffira-t'il ?
Je voudrais être un petit maillon dans la chaîne de la solidarité,
Et s'il ne comprend pas mon langage,
Je l'emménerai goûter encore une fois la plage.
Qu'il sente que j'ai la compagnie facile,
La gentillesse pour s'il le faut, refaire naître l'humanité
N'est-ce pas là, l'un des commandements secrets
De ce Dieu, qui ne nous a pas encore tout dit …
Et qui nous regarde, inquiet, souvent surpris,
Lorsqu'il voit le génie,
Se rapprocher en permanence de la vie,
Le plus beau pays, où il fait bon donner son espoir.
Surtout sourire à ton regard ;

Et entendre ton histoire, toi mon ami, mon frère
Mon autre prière
Et te respecter, puisque ta joie te fera comprendre mon respect.
Je me poserai en expansion près de tes idées.
Quand tu me parleras : pose les armes,
Et surtout n'aie pas honte de verser une larme,
Ma main en fera un bijou,
Qui ne pèsera pas lourd à ton coup,
Puisque tu auras senti ma compréhension,
Certes pas totale, mais suffisante,
Pour qu'à nouveau tu chantes.
Toutes les chansons,
Pour que tu en crées de nouvelles
Et qui seront sûrement très belles.
Mon cœur vibre et t'applaudis.
Car je t'aurais aidé à continuer la route de la vie,
Et je te remercie
Pour la confiance que tu m'as donnée.
Si mes mains pouvaient t'enchanter,
Tu deviendrais le seul soleil bleuté, et
Je recevrai une partie de ta force tranquille
Tu m'apporteras l'océan, et moi son île.
Faites que mon encre soit indélébile
Car elle est un soleil fragile,
Il y a bien un lieu où elle sera reçue comme le ciel bleu.
Ancestrale, touchée par la main de Dieu.

Aucun homme ne m'a donné tant de moments heureux !
Tu es entouré d'un feu
Au creux de tes mains,
Qui viendra jusqu'à mes reins.
Tes mains sont mes lendemains,
Et toujours le prolongement de mes nuits
Où je t'emmène dans mes anciennes vies,
Quelquefois tourmentées
Toujours passionnées,
J'aime ton royaume
Tu peux être fier d'être un homme.
Et d'être plus puissant que n'importe quel ordinateur.
Puisque tu fais naître le bonheur.
Si je n'ai pas senti l'aboutissement de ton corps,
Je m'endors,
Seule avec mes rêves,
Ne comprends-tu pas que j'ai besoin de tes rêves ?
Ils sont comme la première eau de ta première source
Ils sont des chevaux que l'on n'arrête pas dans leurs courses.
Ils complètent des vies passées,
Inachevées.
L'histoire d'amour que nous avions commencée
Est revenue, par la grâce des fées,
Depuis des temps immémoriaux,
Nous n'avons même plus besoin de mots,
Tant notre amour est fort,

Et tu es le seul à qui je redonnerai mon corps,
Je t'aime si fort,
Que ton corps se couvre de lumière et d'or,
Ce sont mes étoiles qui sont attirées par ton nom humanité
Et elles sont fières de porter
Et ton nom, et ta lumière
Ma vie ressemble à ton oiseau qui choisit ses courants d'air.
Tu planes en souriant à la terre.
Tu me fais vivre et ma colombe va vers toi chaque instant
Pour t'aimer dans un état troublant,
Car dans toutes ces vies, tu es le seul prince charmant,
Personne d'autre que toi
Ne pénètre au si profond de moi,
Ton regard comprend mes peurs et mes joies,
Avant même qu'elles ne soient là.
Pourquoi ?
Tes mains comprennent tout à la fois
Ton tactile suppose ton visible :
Ta main voit l'invisible.
Et tes mains supposent la nudité,
Le désir patient, et éternellement printanier.
J'ai moi aussi très envie d'être serrée,
Dans tes bras,
Une nouvelle fois
Dans le champ de ta vision du futur,
Je peux te donner de la force au-delà de ton armure.

Laisse-moi être une fleur dans ta perspective,
Une fleur qui enjolive,
Ces instants où tu te sens seul dans l'espace,
Ma main te suit quand tu te déplaces,
Elle frôle les murs où s'est inscrite ta lueur
Elle se colle contre les arbres pour sentir ton cœur,
Ma main, c'est moi,
Ma main, c'est toi.
Nous sommes de la même souche :
Et j'aime lorsque je me couche
Et que l'ange de l'amour se pose sur ma bouche.
Ce sont les anges qui nous ont réunis
Et qui protègent notre amour : notre vie.
Empêche-moi de mourir d'amour,
Bénissons ensemble ces si beaux jours,
Que nous sommes libres de vivre en pleine liberté
Puisque nous nous apportons mutuellement la paix.
Ta main a ouvert la serrure de mon amour,
Que j'avais fermé à double tour.
Je suis depuis bien longtemps à nouveau sur la voie du bonheur,
Même la plus belle fleur,
Ne me procurera autant de plaisir que : toi.
Car le lien de toi à moi est encore plus fort que l'amour,
Et personne ne nous retirera ce droit.
Je t'aime de plus en plus fort à chaque fois.
Tu es la fenêtre qui donne le jour

Sur laquelle je pose la main
Et attendre l'oiseau qui chante si bien.
Sur son arbre au milieu des eaux
Et il survolera l'océan jusqu'à des sols nouveaux.
Imprégnés des sels et des cristaux,
Marins,
Tumultueux et divins,
Laisse-moi te prendre la main,
Pour vivre enfin.
Nous compléterons nos destins,
Et mon amour pour toi n'a pas de fin.
Il trouvera partout son chemin.

Un chemin connu par seulement toi
Et notre oiseau tu l'entendras.
Je sais qu'il viendra,
Et qu'il parlera par ta voie,
Et qu'il chantera de la joie,
En même temps que toi.
Lui du ciel,
Et toi d'un monde d'étincelles :
Oui, avec ses deux mains et un bout de bois,
On peut fabriquer du feu,
Mais pour cela il faut être un peu roi,
Un peu amoureux,
Des secrets de la nature,

Qui durent et perdurent,
Depuis la nuit des temps,
Qui sont heureux de la liberté de l'océan.
La larme d'émotion de Dieu
Qui protège nos cœurs et nos yeux.
Et déjà l'Homme aimait poser sa main sur sa femme.
Car elle seule sait apaiser son âme.
Ensemble, nous passerons les heures,
D'une vie permanente dans le bonheur,
Que tu crées avec amour et courage
Car tu sais lire sur les visages,
Et éloigner dans un geste félin,
Plein de la douceur d'un petit daim
Ce qui veut mettre fin à la vie
Tu me donnes forces et énergies,
Plus forts que la lumière du jour
Et cela s'appelle … amour, notre amour.
Il n'y a pas de plus beau nom au monde,
Il ralentit les secondes.
Ta main peut brouiller les ondes,
Ou faire apparaître l'essentiel,
La victoire du réel sur l'irréel.

Une main pour allumer le foyer du feu, malgré le vent
Une énergie flamboyante qui dure éternellement,
Une main pour fabriquer des outils et …

Veiller la flamme
Peindre sur les grottes de Lascaux, libres âmes
Mais surtout, pour la première fois toucher,
Découvrir le plaisir et la douleur,
Et la main se souviendra du bonheur.
En communion avec la liberté
Et la plus grande envie de t'aimer,
Puisque tu es l'être qui tend volontairement à être parfait
Tu me guériras d'un baiser,
Et je n'aurai plus de blessures,
Au fond de moi, j'aurai tes yeux purs.
Et si tu me gardais dans tes bras,
Dans un rêve qui ne finit pas …
Et qui s'appelle légende d'un roi et d'une femme.
Et d'un chant qui se clame,
Aux couleurs du soir
Qui descend lentement sur notre espoir.
Pour vivre corps et esprit tout le long de la vie.
Puisqu'en l'humain, ils sont réunis.
Le corps a une mémoire,
Un instinct qui remue le passé et ses histoires
Tu as cru connaître l'amour, mais ce n'était que physique,
Je me soucie de toi jour et nuit,
Poser ma main sur ton visage et te dire : "oui,"
Notre amour est authentique,
Il pleut des anges, des sourires confiants.

Je savoure, ton amour : le plus beau moment
Les plus beaux moments : chaque instant
Où je pense, même si c'est une pensée bien particulière …
Des pensées pour un homme fabuleux, extraordinaire.
Même si elles ne savent pas tout,
Je te sais, esprit de génie et si doux,
Que ma main souffle l'horizon,
La chanson,
De ta chanson.
La connaissance douce,
La lumière rousse ;
Avec des yeux qui parlent en caressant ta main,
Pour que ta plume chante tous les matins,
Tu es mon destin.
Tu as trouvé la part d'océan qui t'est réservé
Tu m'as laissée nager dans tes courants
En riant
À travers les étincelles d'eau salée.
Et tu as pris mes mains avec douceur et bonté,
Pour m'emmener visiter
L'infini de tes royaumes,
Je pose mes mains sur toi, et je découvre l'homme
Que j'attends
Depuis que le soleil est grand,
Depuis que chaque nuit nous attend :
J'applaudis,

Chaque fois que tu souris
Tes mains sont fortes et douces,
Et aiment caresser cette mousse
Qui tapissent les forêts,
Où tu me fais chanter, danser, t'aimer,
Je ne m'arrêterai jamais.
Comme les mains d'un homme lorsqu'il aime,
Tu me regardes et j'entends ta voie qui me dit : "je t'aime."
Une femme-fleur a bien le droit de rêver ?
Et de parfumer tes baisers.
Ta bouche, je la connais
Puisque je l'ai imaginé,
La connaissance ne commence-t'elle pas avec l'imagination ?
Emportée, dans les flots d'une passion,
Où tu nages vers moi,
Où je t'attends où que je sois.
Je t'attendrai partout dans l'écume de ton or,
L'or d'un soleil qui veut vivre encore,
Pour que nous puissions admirer nos visages,
Comme le plus magnifique paysage :
Dans tes yeux je vois des chevaux blancs
Et quand tu pars, tu me laisses avec ton vent,
Qui me donne la force de résister, face au néant.
Tu es la vie,
Multipliée par ma vie.
La joie, l'envie de te trouver dans toutes mes pensées,

Tu es le capitaine de ma Méditerranée
L'océan nous sourit,
Et tu revis,
Ton futur va plus loin que l'horizon,
Je pose ma main sur ton front
Et ton intelligence heureuse me donne envie de connaître,
Les chansons des anges quand ils t'ont vu naître,
Savaient-ils que tu aurais l'âme d'un roi ?
Ta vie est exponentielle
Elle vient et revient à chaque fois,
Que tu te sens proche du ciel.
Ton univers m'est existentiel,
Et j'aime toutes tes étoiles.
C'est-à-dire tes yeux, tes sentinelles
Qui écartent sans faire mal,
Tout ce qui veut froisser mes ailes,
Et m'empêcher de caresser tes bras.
La main prend du plaisir,
Qui caresse notre avenir
Que tu cherches et cherches encore une fois.

Elle découvre les endroits où mes fleurs poussent,
Dans une terre sans violence, sans secousses
Et c'est par ta force et cette douceur qu'elle salue ta clarté,
Car c'est depuis que je te connais :
Ma lumière voulait ouvrir les chemins d'une âme,

Et ce fut la tienne,
Il m'a fallu attendre que les anges clament,
Que la joie n'est pas si lointaine :
Qu'il suffit de tendre les mains près de ma rivière d'amour
Mes mains captent la lumière du jour,
Comme une fleur
Qui porte le nom : bonheur.
Ce bonheur qui a trouvé sa maison,
La liberté, l'amour, la raison,
J'ai posé les clefs dans ta main,
Avec ma main,
Avec mes meilleurs sentiments.
Des espoirs pour que tu sois toujours gagnant.
Ta main royale,
Accepte-t'elle mon sentimental ?
Mon amour, mes envies, mon désir.
Et si nous partagions notre avenir ?
Il serait bon que tu tendes à ma licorne ce sourire,
Qui est si beau et plein de soleil d'été.
L'hiver qui gêle les cœurs,
Comprendra de lui-même son erreur ...
Puisque les contraires se donnent sens,
Et finissent par s'épouser.
C'est là l'un des mystères de la réalité.
J'ai envie de caresser ce soleil qui chauffe ton besoin de vérité,
Une vérité que tu cherches constamment

Au milieu de l'océan,
Et dont ta main est rattrapée par le vent.
Tu ne t'égareras jamais,
Il y aura toujours une main pour te guider.
Puisque l'amour chante pour t'éclairer,
Puisque je n'écris que pour dire qu'il faut aimer.
Ce breuvage que l'on boit à la bouche de l'être aimé,
Et tu es cet homme dans toute sa beauté.
Qui respecte les femmes et leur fragilité
Qui te font rire et pleurer,
Alors je vois tes yeux s'amplifier,
Tu vois tous les chemins des fées.
Elles font pleuvoir
La gloire,
Autour de toi.
Jusqu'à ta plus grande joie.
Ta plus grande gloire sera d'imaginer les nuages,
Et tu l'apprendras par l'intermédiaire des oiseaux de passage
Vierges, des contrées les plus libérées,
Où les orages n'auront pas déchargé d'électricité.
La pluie sera chaude, elle ira chercher tes sensations,
Surtout la nuit, lorsque les étoiles se cacheront,
Je poserai des pétales fluorescents jusqu'à ta maison,
Tu n'auras qu'à les ramasser, marcher et rêver,
La lumière est constamment révélée
Et bientôt ton visage sera dans le creux de mes mains.

Mes mains, ton destin …
Je pourrai sentir ton sourire avec mon corps,
Tu pourras voire mon immense extase au fond de mes yeux,
Un plaisir, simple, doux et fort
Il sera sublimé, à la recherche de tous tes vœux
Par un amour qui s'appelle : toujours et encore.
Couvre-moi d'amour et non d'or.

Je pense à tes mains,
Je veux soigner tous tes chagrins.
Dans tout ce que je fais, tu es devenu mon présent
Et l'espoir de mes maintenant.
Veux-tu m'aider à arrêter le temps ?
Pour comprendre l'éternité un instant ?
Imagine : ta main dans la mienne,
Ensemble vers la prochaine
Lune.
Je ne serai qu'une,
Et tu ne te tromperas pas,
Ce sera moi.
Tu seras comme une prune,
Savoureuse, fraîche et sucrée,
Ta bouche est un baiser dont je ne cesse de rêver,
Et qu'enfin j'accepte car je sens que ton amour est vrai.
Ta main sur mon corps sera un territoire de liberté
Tu verras, j'ai confiance en ton respect

Tes mains seront en terre de paix.
Et tu seras fort contre Dieu,
Contre lui, il t'emmènera
Devant l'arche, il fermera tes yeux,
Tu pourras cependant y poser ta main,
Puisque tu es roi, divin, magicien, serin
Et que tes ailes,
Viennent d'El.
Israël revêt un caractère solennel,
La relation intime entre Dieu et son peuple fidèle.
Courageux,
Et toujours heureux,
Même si au cours de leur longue histoire, peuple et pays
Connurent partitions et déchirures
Cette terre a toujours connu une vie,
Dans un clair obscur,
Mais Dieu qui ouvre tes yeux,
Te fait comprendre qu'il n'y a pas que le feu.
Il y a chaque jour des paroles,
Qui volent,
De la bande de Gaza
Sur toute la côte, jusqu'au port d'Haifa.
Un Homme qui meurt,
Restera toujours un Homme,
Les mains des femmes appellent à la couleur
D'un même drapeau volant dans le ciel des hommes,

De tous les pays.
C'est là mon espoir,
Et je te le dis : nous pouvons y croire.
L'homme est intelligent et aime la vie,
Nous avons tous au fond du cœur, un paradis.
Et si j'ai appris à parler,
C'est pour que tu ne désespères jamais.

C'est comme si j'avais pris la glaise du sol
Et que je l'avais pénétrée de paroles
Pour lui donner l'aspect d'une lyre avec des cordes
Que le roi David ramène du ciel
Dans la plus belle
Danse,
Extrêmement intense
Qui s'accorde,
Avec l'admiration des chants de l'univers.
Qui oubliera les traumatismes de la guerre.
Peut-être que mes mots se laisseront faire,
Si on ne les travestit pas.
Veillont à cela
Que l'Homme
Reste Homme,
Et que la Femme
Reste Femme.
Car ma féminité

A besoin de ta masculinité.
Il n'existe nulle part d'homme plus intelligent que toi,
Tu sais tout faire :
L'amour, la guerre
Tu es celui que j'ai définitivement élu roi.

De mon cœur, de mon paradis,
De ma vie !
Ton amour est une énergie,
Inaltérable,
Incomparable,
Presque incompréhensible,
Et qui pourtant m'est audible.
Et qui est d'une grande beauté.
Je vais jusqu'à l'eau sacrée
Pour que mes mains prennent le courage de te toucher,
Je ne veux pas me faner sans t'avoir embrassé.
Je veux tournoyer dans ta vie, en couleurs,
En douceur.
T'éveiller, comme on éveille un enfant,
Dans la chaleur d'un amour puissant,
Pour que tu te lèves avec l'appétit de la vie.
Continuer à voire en toi l'infini :
Je veux voire des arbres tout blancs,
Je veux voire avec toi de nouveaux continents,
Franchir les océans,

Que tu me serres en même temps.
Sentir sur ma peau, tes déferlences dans un zéphyr doux et lent.
Accepter le vent,
Ressemble à ce temps
Qui nous prend dans ses mains,
Parfois, … seul l'amour peut encourager les destins.
Il élève,
Et crée les rêves.
Plus doux au diapason de l'amour,
Et après ?, après vive le jour !
Et tous ces enfants qui naissent,
Et l'aide pour aimer la vie, en donnant toute sa tendresse.
Mais tes caresses resteront caresses,
Très personnelles,
Toujours exclusives et fidèles.
Puisque nous nous complétons
Tu m'apprends le calme, la patience
Je te donne, en vivant, la nécessité de la non-violence.
Et qu'en me regardant, tu découvres le bonheur des fleurs,
Donner des fleurs,
C'est comme montrer son cœur
Tous les jours, je reçois de toi bien plus que des fleurs,
Tu m'apportes la preuve que ton amour n'a plus de limites,
Peut-être, parce qu'il évite,
La pluie de me réveiller,
Ton amour est le premier baiser,

Qu'enfant j'imaginais.

Et dans tes bras mon amour, j'apprendrai par tes mains
À réunir tous les chérubins.
Tout ton être est gentillesse et connaissance,
Les gens qui te côtoient ignorent leur chance.
Te parler, t'écouter, discuter avec toi et les anges,
Et promettre à la licorne bleue que tout s'arrange :
Avec l'aide des fées, le bleu redevient bleu.
Les mains des fées ne se posent pas seulement dans les cieux
Elles caressent l'amour et toutes les fleurs du ciel,
Sous ton regard toute personne devient belle,
Et Quasimodo touche du bout des doigts
Le jupon d'Esmeralda,
C'est la force du désir,
Esmeralda transmets à Quasimodo, un avenir.
Elle est l'émeraude qui refuse de partir.
La cathédrale devient une montagne, un dôme
Où les prières proférées par l'Homme,
Sont considérées essentielles et méritent soins,
C'est ainsi que le trois février mille neuf cents cinquante neuf
Les monuments ne furent plus veufs.
Le ministère de la culture et de la communication ont joint
Leurs efforts pour protéger
Et restaurer,
Ces monuments sacrés.

Dans lesquelles je n'irai pas
Puisque je fréquente la Sla'
Puisque j'aime l'Éternel, qui m'offre amour et vie
Dans un unique esprit :
Toi.
L'enfant qui a grandi les yeux levés vers toutes ces Lois,
Et qui cherche pourquoi ?
Qui cherchait la joie,
En essayant d'attraper les papillons
L'esprit libre, réveillé par l'horizon
Les fleurs voulaient jouer avec toi,
Mais tu ne les touchais pas,
Tu préférais t'allonger parmi elles,
En regardant le ciel,
Inondé de lumière.
Et c'est ainsi que la terre,
Devint pour toi, une vaste clairière,
Et tu courais bercé par le soleil.
C'est alors que tu appris à parler aux arbres et aux rivières.
Et que tu découvris, le sens du mot merveille.
L'amour offert par Dieu,
Je le porte dans les rayons de tes yeux,
Tu es cette vibration qui fait trembler mon être,
Et qui me fait connaître,
Une certaine dimension de la vie
Tu es ce peut-être, ce toi

Puisque tu es toujours là, …
Dont je rêve toutes les nuits
Toutes les nuits de ta vie.
Et mon rayonnement amoureux vient près de ta fenêtre,
Comme un oiseau voudrait connaître
Les parfums de ton passé,
Pour comprendre où te retrouver
Et éclaircir ta mémoire,
Il n'y a plus de couloir,
Il y a mon regard
Qui connaît la chance d'être touché par tes mains,
Tous les matins.
Mes rayons d'amour se diffusent dans des contrées
Éloignées,
Là où je pourrais toucher ta main,
Si tu le permets.
Je crois vraiment que ta main
Est faite pour ma main :
La même douceur,
Les mêmes rêves de bonheur.
Je prie pour que nous ayons le courage d'aller ensemble,
Sous ce doux vent qui tremble.
Tu es la main
De mon destin.
Le plus beau, le plus long, le plus lent chemin.
Au sein de tous les possibles,

Nous sommes indivisibles.

Comme si nous faisions l'amour en permanence,
Longuement,
Lentement,
Avec la puissance,
Immense
De ton rayonnement,
De tes émerveillements.
Nos rayons se font l'amour, et c'est comme cela que naissent
Les étoiles.
Oui la tendresse
Avec toi, n'est plus qu'un simple idéal,
Mais une certitude qui monte et s'élève
Comme la vague sur nos rêves.
Je suis une femme qui tremble dans la nuit, dans le jour
Je voudrais chevaucher les licornes avant l'amour,
Pour t'apporter la mélodie du ciel et de la mer,
Puisque Dieu chanta en créant l'univers,
Laisse-moi trembler en chantant,
Laisse-moi chanter en tremblant
Je veux t'honorer, et honorer Dieu,
En plongeant dans tes yeux.
Je prie avec des mots plein les mains
Plus pour t'aimer que pour faire naître le matin,
Car la lumière qui me vient,

Est portée par tes mains.
Tu es tellement lumineux,
Que le monde sourit devant tes yeux,
Je suis là devant toi tous les matins
Parce que je fais partie de ce monde qui n'appartient,
Qu'à celui aux grandes mains :
Le créateur qui peut plonger en nous,
Il comprendra cet amour fou,
Puisque c'est lui qui a guidé nos pas l'un vers l'autre,
Tu deviens mon autre,
Ma troisième main,
Celle qui me ramène vers mon roi et son chemin.

Je ne pourrai jamais me séparer de toi
Tu es là
Et cela suffit
À remplir ma vie.
Ma volonté est dédoublée,
Il y a ce que je veux,
Et tout ce que tu aimerais
Je ne comprends pas vers quel lieu,
Tous tes chevaux me conduisent,
Eux, suivent la bise
Du vent de tes commandements.
Je t'emmène dans un coquillage bleu
Un microcosme heureux

Qui grandit doucement,
Et c'est tant mieux, notre vie prend son temps.
Mais j'aimerais tellement fusionner dans ta vie,
Je viendrai avec des pas fleuris,
J'aurai poser ma fierté
Je rêve d'une vie en simplicité.
Avec toi
Pour chanter à pleine voix.
Certains oiseaux seront là.
Ils viennent depuis le premier temple du premier désert,
Et connaissent tous ses repères.
Les murs du labyrinthe le plus tortueux
Touchés par tes mains deviennent un sentier clair et lumineux.
Tu simplifies le compliqué,
Mais c'est quoi le compliqué ?
Des nœuds serrés
Que tes mains savent à nouveau rendrent simples à dénouer,
Tu as les mains d'un magicien,
Dans la continuité de ton esprit qui propage le bien.
Tu fais rire tous les enfants
Petits et grands,
Tu rassures le vieillard, en lui parlant de ce recommencement
Des empreintes d'amour qu'il a laissé
Et qui ne disparaîtront jamais,
C'est pourquoi les fleurs poussent dans le sol, là où l'Homme va
Sur la route de l'amour et bien au-delà,

L'Homme va et son pied qui résonne sur terre,
Donne force et supplante la poussière :
Le sol est fleuri,
En bordures de couleurs,
Les fleurs sont sages,
Et aiment qu'on leur sourit,
Viens, donnons leur du bonheur.
Elles comprennent notre langage
Quelquefois elles sont sauvages ;
Et leurs couleurs rayonnent sur ton visage.
Je suis comme elles, j'ai confiance en toi
Je me couche sur toi,
Et nos couleurs baignent la licorne qui a choisi le bleu.
Je vois en toi, toutes les couleurs,
La couleur des amoureux,
De ceux qui rêvent encore au bonheur.
Et qui ne comptent pas le temps en heures.
Tu me tends la main,
Et pour moi c'est le parfum,
De la fleur de ton amour.
Pourquoi un roi contient en lui toutes les promesses du jour ?,
D'amour, de joie et de liberté
Parce qu'il a un peuple à mener,
Sur les sentiers de l'espoir.
Où le peuple noir,
Le peuple hébreux

Seront pour toujours heureux.
Car leur servitude a pris fin
Puisque Dieu est venu sur leur chemin,
Il a vu et entendu leur chagrin, leur détresse.
Et comme une mère, a donné sa tendresse.
A donné vie
Sans attendre de merci.
Aux bords des flots,
Au pied de la montagne
Guidé par cet amour,
Que Dieu envoie chaque jour,
Des bribes de mots,
Les plus belles histoires
Qui volent chaque soir.
Je souhaite être une compagne
Pour toi
Et toi ?
Veux-tu être mon roi ?
Si tu le souhaites
N'attends pas que le rêve s'arrête.
Mes mains cette nuit seront en joie
Encore des rêves pour dire merci à Ea.
Je vivrai une infinité de printemps,
Dans l'espérance d'un printemps permanent
Puisque je crois bien que tu m'aimes
Peut-être plus fort que moi-même.

Tu es ma vie.
Mon vent chaud dans la nuit,
Mon jour bleu,
Dans mon cœur heureux.
Que tu tiens dans tes mains,
Et qui vit à côté du tien
Très souvent même totalement soudé au tien.
Nous avons besoin de nos corps, de nos esprits
Pour être en connivence toujours dans le plaisir des nuits,
Et la joie de se le dire chaque matin !

Cette intensité qui une fois connue, n'est jamais oubliée
Tu es ma mémoire d'hier, d'aujourd'hui,
Une expansion fleurie,
Je voudrais bien que cette mémoire soit une vie spontanée,
Peut-être demain,
Viens.
Quand nous aurons longuement caressé nos mains,
Nous pourrons grâce à nos mémoires, nous balader dans le temps
Et nous aimer infiniment.
Le passé est une page tournée
Le deuxième tome d'une vie à continuer.
Une vague écartée de nos pieds,
Aujourd'hui nous connaissons le bonheur d'être ensemble
Et de marcher, de fouler l'eau qui tremble.
Nous n'avons aucune arme de fer,

Juste la constitution de nos chairs :
Ton cœur parle à mon cœur
Et ton esprit me pénètre à toutes heures.
La distance pour toi, n'est pas difficile à vivre,
Puisque je suis ouverte à toi, et que cela nous rend ivres,
De joie.
Tu es mon petit verre de vin,
Je suis heureuse de penser à toi encore ce matin.
C'est plus fort que cent mille mains qui veulent m'éloigner de toi,
Je suis à toi, liée
Par le serment des fées.
Les forces de lumière veulent nous unir …
Puisque je suis née pour venir,
Dans le creux de tes mains,
Me poser sur ta bouche de satin,
M'enfouir dans tes bras divins,
J'ai trop de secrets,
Je ne sais pas à qui en parler,
J'ai peur de t'inquiéter …
Je ne veux pas que tu sentes mes blessures,
Je veux escalader le mur
Rejoindre la liberté,
Me réfugier dans ta royauté ;
Et pourtant je sais que si tu viens dans mon intimité,
Tu comprendras tout ce passé.
Parce que ta clairvoyance sait lire avec tendresse mes mots

Je garderai mes mains sur tes flots,
Je sais, j'imagine cette mer, qui borde tous les continents
Ta terre, ton royaume d'étoiles et de vent.
Faite d'éclaircies sous la pluie,
D'abondance de la plus belle richesse : la vie.
Puisque la vie, c'est un sourire,
Un delta qui s'ouvre sur les yeux de l'avenir,
L'avenir sourit à tous les hommes, lorsqu'ils savent sa valeur,
J'aime demain, car demain il fera toi : bon et chaud,
Je t'aime parce que tu veux mon bonheur,
Je t'aime parce que demain tu continueras tes galops.
Sur ce ciel, où tu es
Le plus extraordinaire cavalier :
Tes chevaux sont des prodiges de vitesse,
Tu les soignes, tu les caresses,
Ils t'emmènent derrière la foudre, près de la main de l'Éternel,
Qui toujours te rappelle qu'il existe une femme qui t'offre le ciel,
Le ciel de l'espace, le ciel de son corps, juste parce que ses mains
Ont senti l'amour, en frôlant ta main,
Tu n'as jamais menti,
C'est pour cela que je reste en vie.
Pour nous le ciel a valsé toute la nuit, si beau, si réel,
Merci à l'Éternel.
Je voudrais, pour toi, que mon âme soit de plus en plus belle,
Puis regarder le monde avec une partie de ta connaissance
De ta douce puissance.

La Bible est une clé
Qui ouvre les pages de l'éternité
Des temps fondateurs, de la lueur du jour d'après.
Et la mer ne cessera jamais d'exister,
Parce que tous les jours tu vas lui parler …
Je ne vois que ton nom dans les textes sacrés,
Et à chaque fois je suis comme appelée …
Lorsque je pose mes mains
Sur le livre saint,
Mes pensées n'entendent qu'un vent :
Dieu est content.
Dans lequel flotte des mots qui se veulent certains,
Et qui entre dans l'imagination de ce magicien.
D. nous parle en permanence,
Nous avons cette chance
De comprendre la nuit dans le silence,
De comprendre les jours dans l'amour .
Et de t'appeler tout simplement "mon amour."
Maintenant, aujourd'hui, demain
Je suis totalement installée sur les bordures de ton chemin,
Et tu complètes ma vie,
Qui avait pourtant déjà commencé avec toi.
Il y a des milliers de décennies
Que j'ai chanté pour toi, le chant de la vie,
Les psaumes,
David, à quels hommes

Parlais-tu ?
Il t'a fallu créer ce vent inconnu
Pour être compris de tous …
Le vent …
Ton chant …
Qui flotte sur la mer floue et douce
Je suis en extase,
Je veux vivre dans ta base
Pour compter avec toi les étoiles, et m'envoler jusqu'au jour
Dans notre vent d'amour,
Qui écoute toujours,
La voix qui résonne dans la conque sur le bord de la plage,
Là où courent tous les enfants revenus du voyage,
Utérin,
Marin.
Où dans un bref instant marin, ils ont appris à être sages.
Puisque c'est dans l'eau que s'infiltrent les pensées.
Le père et la mère envoient des ondes à leur bébé,
Et il a de plus en plus envie de connaître la terre,
Pour sentir les baisers de son père
Le sein de sa mère,
L'eau de la mère est un monde en continuité
Avec la volonté de l'éternité,
Je suis dans l'eau, je suis dans tes bras
Et au-delà de ma joie
J'entends ton désir de ne pas faire la guerre,

Tu aimes tellement la vie, les doux regards de la mer.
Je vois des images de ton enfance,
Et cette innocence
Que tu as su garder.
Et la vie, qui parfois joue des tours
T'a mis dans la main, une épée
Pour la rendre étincelante de justice,
Une justice de chaque jour,
Qui offrirait à l'amour un seul office,
Dans la synagogue de nos cœurs.
L'existence est faite pour célébrer le bonheur.
Qu'est-ce que l'existence ?
Un droit premier : vivre comme une évidence,
Apprendre à parler
Demander à être écouté.
Espérer l'amour en toute dignité,
Puisque sans amour, pas de vie.
C'est toi qui me donnes ce paradis
Quoi de plus beau qu'un homme et une femme qui s'aiment ?
Tu n'imagines pas à quel point, tout de bleu, je t'aime.
Ton regard est plus pur que le ciel,
Où la force arrive de plus en plus belle.
Et s'impose,
Seules les roses explosent
Et les pétales forment sur ton front,
La plus douce des bénédictions.

T'éloigner du mépris,
Contrôler ce que D. attend de ton esprit :
Aucune folie,
Mais la liberté de l'imagination,
Personne ne m'empêchera jamais d'écouter tes chansons,
Et de vivre une très très rare passion.
Plus je t'aime et plus je suis heureuse,
J'aime t'imaginer dans les victoires les plus glorieuses,
Et voire dans ton sourire aucun orgueil,
Mais la satisfaction permanente du deuil,
Des douleurs qui t'ont fait pleurer.
Et des chants d'oiseaux que tu attendais ;
Pour pleurer de joie dans le soleil,
Si un jour tu sens la force de mon amour et sa merveille.
Je me cache devant toi pour pleurer,
Lorsque tu dois t'en aller,
Puis j'espère te revoir, te quitter est une souffrance,
Mais les secondes partagées sont l'une des chances,
De mon existence.
Tu vis,
Tu souris
Et la licorne bleue éteint les miradors,
Pour toi,
Pour moi,
Regarde la liberté,
Écoute mon cœur t'aimer :

Les fleurs vivent encore,
Les chevaux galopent toujours vers des nuées, comme de l'or
J'aimerais être éternelle pour t'adorer et te dire roi,
Que je n'emprisonnerai pas,
Mais que mes mains lieront désormais à la vie,
Que tu auras choisie.
J'attends tout de toi,
Et je n'attends rien.
Ta liberté la plus totale qui a l'éclat
Semblable à mes rêves dans le petit matin.
Et c'est fantastique …
C'est le moment liminal
Que partage D. avec les étoiles,
Mais c'est le secret.
Les psychiatres ne comprendront jamais,
La science n'a pas autant de pouvoirs que l'amour
Qui a trouvé, un matin, devant nous le premier jour.
Mais la science unie à l'amour est un monde unique.
Ne pas pénétrer le magique,
Mais de le sentir et de l'accepter.
Comme le plus beau cadeau de l'océan inachevé.
Ce sont mes mains
Qui vont chercher,
L'autre partie de l'océan …
Celui où l'on laisse rire les enfants,
Sourire aux sirènes et ne sentir que la forme de ton écrin.

Ta bouche est un bijou qui se partage avec les vents
Où les fées protègent tous les temples de tous les temps.
Le Oulam, l'Hekal, le Debir
Auront toujours le même avenir
Préserver l'arche d'alliance
Dans une nuée et dans un silence …
Qui font la joie,
De tous les rois.
Mais le roi David a bâti, temple et cité,
Et cela restera une colonne de la réalité.
Je t'offre mes mains, pour que ton imagination,
Les couleurs, de l'arche : ses sons
Montent dans ta respiration,
Tu t'endors près de Sichem,
Et tu n'imagines pas à quel point Dieu t'aime,
Tu es le père de l'amour, de la justice, et donc de la sagesse,
Les rois ont l'intelligence de la tendresse.
Par ton fils, le roi Salomon
Les philosophes peuvent se reposer toutes les questions,
La sagesse aime la justice, l'équité,
Elle vogue vers une vérité
Qui conjugue, la conscience,
À la tempérance
À la prudence,
À la sincérité :
L'expression de sentiments vrais,

Et donc finalement au discernement.
User de ses sens et se sentir souvent conscient
De son être et du monde.
L'expression du cœur et de la conscience dans la même ronde,
Du danger ou de la confiance.
Au p'tit bonheur, la chance …
La sagesse appelle toujours la parole,
Elle te propose des mots qui te frôlent,
À toi de choisir, les écouter
Ou les ignorer …
Si elle est expression,
Elle nécessite communication.
Salomon avait le don du langage,
Il lui fut remis l'anneau du sage.
Comme son père de la poésie et de la musique.
Salomon fut face à un problème nécessitant une grande éthique :
Deux femmes ayant enfanté
Furent vivement opposées
L'un des enfants étant mort étouffé
Et dans ce grand chagrin, elles se sont affrontées :
Revendiquant la maternité
De l'enfant né en bonne santé.
Salomon était consterné,
L'enfantement et la féminité
Sont des propos d'une grande délicatesse
Salomon décida d'éprouver la tendresse,

L'amour maternel des deux femmes dans le mal
Il voulut diviser l'enfant en deux parts égales
L'une des femmes n'écoutant que son instinct choisit
De renoncer à l'enfant, plutôt que de le voire meurtri.
Salomon reconnut en elle, la mère de l'enfant,
Et le grand roi sauva dans le même temps,
Les vies de la maman et du bébé,
Dieu fut soulagé,
De voire qu'il avait sacré,
Cet homme roi de la sagesse et du discernement
Ce fut là un grand moment …
L'histoire se répandit
Dans tout le pays
Et Salomon devint le sage parmi les rois.
Et comme son père, il berça
Les petits matins au bord de l'océan,
C'est là l'un des cadeaux de tes instants.

Il existe des rois qui sont aussi puissants
Que l'océan :
Comme un souffle, une certaine vie
Qui te donne la force d'aller dans le désert
Avec l'arche sous sa tente de rosée et de pluie
D'étoiles, qui chantent l'espoir du cosmos et de l'univers,
Pour notre terre qui flotte dans l'espace.
Prions pour qu'elle ne soit prise que par des rayons d'amour,

Pour toi, je briserai les glaces,
Qui empêchent le soleil de bercer la planète bleue.
Et d'y lever le jour,
Comme on laisserait un enfant ouvir ses yeux.
Le soleil existait-il avant la terre ?
Si oui, il y a toujours cette lumière
Qui me donne le bonheur de donner vie à mes yeux,
Pour t'imaginer surprenant, libre et heureux.
Tel le génie qui n'écoute que la voix de son cœur.
Je vais vers toi, dans chacun de mes mouvements,
Je t'aide à allumer le firmament
Par le feu de ma vie, pour que tu n'aies qu'à contempler,
La réussite de tout ce que tu as souhaité.
Quelques instants de rêves,
Voire des arbres riches de sève,
Voire des fleurs
Riches de couleurs.
Dans tes sourires,
Qui aiment entendre les cascades claires de ces rires,
Dont nous avons tous besoin
Ton rire est mon chemin,
Il résonne comme un chant sans paroles
Il n'en n'est que plus respectueux de ce sol,
Où tu foules l'amour,
Et que tu peux porter l'armure, pour protéger le jour.
Et j'embrasse tes yeux mi-clos

Et le ciel, même si haut,
Est à ta portée, puisque c'est toi qui veille la lumière,
Ici, ailleurs et sur terre
Le monde entier a besoin de toi,
Pour comprendre les plus simples lois.
Voire ton visage,
Riches de sourires,
Embrasser des enfants sages
Qui ne font que rire.
Les regarder rêver,
Parfois les veiller.
Les écouter chanter
Depuis les profondeurs de leurs secrets,
Ils ne sont pas surpris du vent qui porte les fées,
Parfois, ils attrapent un rayon de lune,
Et ils courent sur toutes les dunes,
De sable blanc, rose et bleu,
L'un des rêves de Dieu.
Tous les enfants portent une couronne de l'esprit saint,
Des nuages d'amour flottent dans leurs yeux, jamais éteints.
Et ils portent la plus pure lumière,
Car ils sont innocents, et ils ont la force de leur père,
Qui les accompagnera toute la vie.
Je les ai emmenés ce matin découvrir la forêt et ses amis.
Et la licorne leur a montré le château magique
Plein de jouets fantastiques,

Dans ce château, ils vont souvent dormir,
Dans la douceur de ton rire.
Et je tiens bien les clefs qui changent
Les rêves en lumière sublimes, étranges,
Les fleurs en prière,
Ils s'envolent dans mes fleurs de lumière.
Ils s'endorment en paix dans ma maison,
Et ils écoutent ta lyre et tes chansons,
Je ferme doucement les portes pour ne pas effrayer ces anges,
Leur apprendre à créer, à inventer des mélanges,
Pour que leurs songes accèdent à la dimension de réalité
Le monde vrai (?)
Qui est la réalité
De la mer allée,
Avec le soleil.
Et leur apprendre
À défendre,
Toutes ces merveilles.
Les emmener vers un tendre éveil.
Leurs trésors intemporels :
Nous sommes tous des enfants,
Nous avons tous des trésors,
Des cailloux, des bouts de ficelle :
Rassemblés en bouquets d'étincelles.
Grandir pour avoir des cœurs d'or,
Certains mendiants

Sont plus riches et moins violents
Que ces cravatés
Qui marchent sans voire qu'ils ont fait rouler la pièce de monnaie
Dans le canniveau,
Les cravatés ne savent pas parler, un poème pour des mots ?
"Science sans conscience n'est que ruine de l'âme."[2]

J'ai une conscience,
Il ne me reste plus qu'à chercher la science.
Toujours, tout faire pour éviter les drames
Parce que la douleur peut être atténuée,
Et même définitivement éradiquée.
Il y a des êtres grands
Des cœurs ouverts, chauds et brillants
Qui ont des mains dans l'esprit
Et qui donnent savamment
Avec un "oui",
Avec un je cherche à te comprendre,
Tu as besoin d'entendre
Prends le courage de me parler,
Tu ne seras pas jugé,
Je te respecterai.
Et si c'est toi, je te donnerai l'amour le plus près
De la bordure de tes yeux, pour ne pas te voir pleurer.

---

[2] Alcofribas Nasier, *Pantagruel*, éd.Gallimard, 1964, chap.VIII, p.137.

J'essuierai tes larmes avec mes mains
Alors, je t'emmènerai au pays de tous les matins.
Et tes sanglots
Seront des étoiles sur ma peau.
Et tes sanglots glisseront libres et sans honte.
J'aurai la pudeur de demander à ton cœur qu'il monte
Et mes mains te veilleront,
Sous toi, il n'y aura pas de fond
Je te donne des instants où l'amour écoute tous les sons
Où la seule chose que je te demanderai est ton prénom.
Ton prénom est ton printemps régulier,
Et personne ne te le volera jamais.
Nommer un être,
C'est s'autoriser à le connaître.
Je te connais,
Je peux te parler
Je peux continuer à t'aimer
Dans les moments difficiles, j'aurai ta lumière dans les yeux
La lumière des quatre alliances du brasier de Dieu :
Noé, Abraham, l'alliance du Sinaï, et l'alliance : avec David
Le plus grand roi qui débride
Et laisse la vie galoper
Sur les sillons tracés pour la liberté.
Et bien sûr le livre de l'alliance,
Toute écrite par la main de Dieu, dans sa toute puissance
Pour ces alliances et ce livre

Le temps reste un mystère
Le temps de la naissance, de la vie, de la résurrection
J'espère renaître sur terre
Pour évoquer un pardon.
Il ne demande qu'à vivre,
À ce qu'on le délivre
Être lu, attirer la lumière de la terre
Dans un condensé de cette magen David
Posée,
Avec discrétion et simplicité,
Sur une pierre à Jérusalem,
Ou Bétlhéem
Le livre seper habberit, plus puissant qu'un guide,
De même b'rit …, l'étymologie est l'un des secrets de la terre.
Une terre faite d'eau et de pierres,
Évoquer l'alliance nouvelle, pour dire : "alliance du Seigneur"
Pour pouvoir donner le meilleur :
C'est parler du pacte entre David et Jonathan.
L'oracle du vent.
De Débora, assise sur l'escalier du temps,
Elle voit le prophète, le roi,
Elle chante une joie,
Qui accompagne le destin de chacun
Qu'il porte ou non des bagues à sa main.
Seule femme juge,
Elle accepta le déluge

Sans juger Noé,
Qui peut juger un patriarche ?
Surtout quand il offre à la prophétesse,
La vision de l'arche.
Dans une étourdissante allégresse.
En ce qui concerne l'alliance avec Noé,
Dieu interdit le meurtre ou même sa tentative résumée,
Dieu dit : *"[...] l'alliance que j'ai établie entre moi*
Et toutes les créatures de la terre."[i]
C'est là l'un des commandements premiers,
La Loi.
Et si la loi et les commandements étaient des prières ...
Nous nous aimerons dans cette clarté.
Dieu dans son alliance avec Abraham confirme au patriarche,
Les promesses,
Comme une vague qui caresse
Son peuple en marche :
"Ne crains point, Abram : je suis un bouclier pour toi ;
Ta récompense sera très grande ! "[ii]
Ton peuple ira de plus en plus loin,
Il ira selon mon amour divin.
Et je serai la seule manifestation que tu appréhendes.
L'exaltation de la mer qui te demande :
Écoute et respecte-moi,
Comme je le fais pour toi.
En ces temps ci

"[...] le Seigneur lui apparut et lui dit : [...]
Conduis-toi à mon gré, sois irréprochable,"[iii]
Aide ton peuple à ne jamais être coupable,
Car il est pur comme l'agneau et croit en l'hesed
L'amour, la bonté habite l'Homme qui plaide
Toute sa vie pour adoucir certains peuples environnants
Et surtout se parfaire constamment,
Car les tentations deviennent des épreuves de chaque instant,
Voilà pourquoi il faut apprendre, rêver,
Apprendre les commandements apodictiques
Surtout sentir et faire fructifier l'authentique,
Un peuple en connivence avec l'éternité
Sait où il doit marcher.
Dieu écarte de sa main la mort,
C'est pour cela que le peuple juif existe encore.
Pour toi, j'existerai toujours,
Et si je dois mourir d'amour,
Je n'aurai fait qu'une blessure à ma vie,
Et mon père me l'interdit.
Et j'ai envie d'exister,
Peut-être pour retrouver
Le mont Sinaï, et toi, toujours toi.
L'alliance du Sinaï est la plus pathétique loi,
Belle et se prolonge depuis les patriarches qui se transmettent
Et se répètent :
"Désormais, si vous êtes dociles à ma voix,

Si vous gardez mon alliance, [comme l'instance de ma loi]
Vous serez mon trésor entre tous les peuples ! Car toute la terre
Est à moi,"[iv]
La terre, joyau de tout l'univers.
Et il faut laisser vivre, toutes les autres vies,
Car elles sont elles aussi bénies.
Nous ne sommes que le gardien,
Le chemin
Et l'Homme et la Femme chantent ensemble :
Ils tremblent,
"[…] Tout ce qu'à dit l'Éternel, nous le ferons"[v]
Dans l'amour que nous portons.
Moïse *"[…] Défends la montagne et déclare-la sainte !"*[vi]
Sans crainte,
Montre ta joie,
Car c'est un visage souriant, vers lequel on va
Spontanément, sans plaintes.
D'attendre *"[…] le troisième jour, [puisque] le Seigneur descendra,*
À la vue du peuple entier […]"[vii]
Durant cette attente, des unions sacrées
Se feront, je t'aimerai et je te verrai,
En te voyant,
Le sable ne sera plus brûlant,
En te regardant
Bouger dans le vent,
En allant,

Je chanterai les chansons
De notre horizon.
J'ai trouvé en toi ma terre et mon firmament,
Il m'aura fallu du temps,
Les étoiles peut-être m'auront inspirée
Car le poète est inondé par la voix lactée,
C'est dans l'espace,
Que les destins se tracent
Mon ciel est ouvert et éblouï par ta pureté,
Mon ciel n'a pas de colonnes, il a des arbres en fleurs,
C'est toi, ma seule source de bonheur,
Je sais que tu laisseras vivre mes parfums,
Dans des flacons près des embruns
Et que tu les emmèneras sur la mer de sel,
Pour voire encore les oiseaux voler dans ce ciel
Devant lequel tant de rois ont prié
Ah ! si je pouvais leur parler,
Leur dire que j'ai trouvé la bouche pour me répondre,
Les bras pour me confondre
Le corps pour vivre l'amour,
L'esprit pour aimer chaque jour.
J'ai une bouche, des bras, un corps, un esprit
Tout ce que m'a livrée la vie,
Il ne manque rien,
Juste ta main et ton parfum.
Commandement pathétique, car transgressé …

Et pourtant après la promesse divine,
Certains hommes devinent,
L'engagement réclamé
Au peuple vient confirmé,
Le caractère bilatéral de l'alliance
Tout semblait être créé dans la confiance.
Et Dieu comprit : "[…] *je vous ai parlé*"[viii]
"*Ne m'associez aucune divinité ; dieux d'argent, dieux d'or*"[ix],
Je n'en veux ni maintenant, ni encore
Puisque c'est moi le premier qui est posé la main sur vous.
Un père si doux que l'on en redoute le courroux,
Et il dit à son peuple : "[…] *Je viendrai à toi pour te bénir*"[x]
Alors nous pouvons avoir confiance en notre avenir.
Dieu pose sa main sur le passé, le présent, le futur
Il aime l'éternité : tout ce qui dure,
Surtout quand il s'agit d'amour, il aime voire nos mains se désirer
S'entremêler.
Je te désire si fort, que les océans prennent double puissance,
Que les vents du Sud s'avancent
Jusqu'à tes yeux,
Somptueux.
Car ma vague est désir
Et chacun de tes mots une proposition d'avenir.
Tu respires,
Tu inspires la vie,
Je suis ton fruit.

Et la vie te respire,
Et la vie t'inspire,
Une envie permanente d'être tout près de la femme que tu aimes,
Avec ton amour pour moi (?) tu t'imprègnes,
Et en même temps tu règnes
Sur ce que je sème :
Des mots, des fleurs
Des rêves de premières lueurs ;
Des étoiles qui pleurent,
De la rosée du matin
Ensemble, posons-nous y nos mains
Et dans ce creux notre fleur d'amour montera jusqu'à tes rêves,
Jusqu'à mes rêves …
Je ne veux pas que rêver de toi,
Je veux que tu sois là.
Comme les enfants croient tout ce qu'ils veulent possible …
Aidons-les à rendre leurs rêves invincibles.
La femme que je suis rêve comme les enfants,
Ferme les yeux pour écouter le vent.
Je rêve de songer dans tes bras
Je rêve de t'embrasser même endormie.
Pardonne-moi,
J'ai des goûts d'infinis,
L'infini c'est toi !
Puisque, *"Celui qui frappe un homme et le fait mourir*
Sera puni de mort,"[xi]

C'est Dieu qui choisit l'heure pour partir,
C'est la raison divine qui statuera encore.
Il est préférable de juger,
Et de lui faire avouer
Qu'il a péché,
Au lieu de lui ôter
La vie :
L'univers a besoin de l'énergie de la vie.
Et la vie est toujours victorieuse de la mort.
Là encore,
Dieu a jugé, il a posé sa main.
Nous sommes libres de nos éveils, des refrains
Que nous entendons,
Et de toutes les chansons
Que les oiseaux portent jusqu'à nous,
Les oiseaux sont les rois des chants les plus doux,
Et j'aime les écouter
Pour ton repos bien mérité.
Tu t'endors avec des sons et du vent,
Et tu t'endors lentement.
Ce que Dieu veut également :
C'est que *"la sorcière, tu ne la laisseras point vivre."*[xii]
Les forces de l'obscurité sont néant,
La lumière est une force qui délivre,
L'amour est une force qui rend immensément grand.
Je veux vivre avec toi, pour apprendre,

Je veux vivre avec toi pour devenir intelligente et tendre.
L'intelligence est sans limites,
Je t'invite,
À créer la lumière,
Puisque nous nous aimons
Et que c'est là notre unique horizon.
Et depuis notre bout de terre,
Avec nos mains nous planterons ces fleurs et ces fruits
Notre religion s'appelle, grandit
Ne cultive pas ta douleur,
Construis notre bonheur,
À toutes les portes des chemins,
Je marcherai avec toi main dans la main.
Si tu veux bien.
Ta main dans la mienne,
Sont les premiers mots que comprennent
Les gens, dans le langage universel : l'amour.
Nous vivons cet amour,
Nous en parlons, nous le ferons
Sous une pluie de papillons.
Dieu sera heureux de voir cette création
"[...] car [il sera] compatissant"[xiii]
Nous sommes ses enfants
Nous sommes bons, simples et amoureux,
Il nous aidera peut-être à rester heureux
Et à l'être de plus en plus, à tous les instants, à chaque fois

C'est possible puisque tu es roi,
Et que tu as conçu toi aussi une alliance avec Dieu,
Et *"[… bâtit] la cité de David"*[xiv]
Et avait un projet qui allait rendre heureux,
Construire un temple riches d'anges-guides,
Pour cette alliance Dieu dit : *"J'ai conclu une alliance*
Avec mon élu, fait un serment à mon serviteur [surveillance
Du peuple du roi] David"[xv]
Et D. promet au jeune roi la réalisation
De son projet de construction.
Et ce fut dans la joie,
Que David devint roi.
Dans ce temple *"Dieu est infiniment révéré dans la réunion*
Des saints, redoutable [à toute confusion]
À tout ce qui l'entoure"[xvi]
Dans ce temple allait s'incarner l'amour,
Pour Dieu,
Et chaque homme valeureux.
Ce sanctuaire sera édifié sous le règne de son fils, aussi roi,
Et protégé ensuite par tous les rois.
Des rois aimants, aimés,
Respectés,
Par leur femme,
Pas forcément reine, mais à la belle âme,
Une âme désignée de la main de Dieu.
Qui a comme finalité de te rendre immensément heureux.

Et chaque roi
Trouve en son isha,
La force d'aimer,
De gagner.
D'ouvrir ses yeux sur un monde qui rêve de justice.
Si j'étais aimée par le roi David, je serai comblée
Et chacun de mes jours, je serai l'oiseau des offices.
Je chanterai,
Je danserai,
Et je volerai ici et là
Pour que la protection de D. aille jusqu'à toi.
Et pour que tu me gardes dans tes bras …
Chaque fois que tu le pourras.
Je poserai mes mains sur les fenêtres
Discrète, mais pleine de l'attente de ton être,
Le temps explosera
En moi.
Dans l'espoir de vivre cet amour extraordinaire,
J'irai tôt sur les chemins de terre,
Sur les chemins de mer.
J'attendrai, que pourrais-je faire d'autre, le cœur palpitant.
Je t'adore demain et maintenant …
Et avec moi, "[…] *Le Thabor et le Hermon*
[Acclameront] ton nom."[xvii]
Le Thabor est pétri de ta sensibilité
Comme de la glaise que tu ne cesses d'aimer,

Dans un chant,
Envoûtant.
Viens et aime, ce n'est que de l'amour
"Avec moi, viens, ma fiancée,
[... pour admirer
Les] antres des lions [où ils vont se reposer du jour]
[...] et les léopards"[xviii]
Un roi, au regard perçant de vautour.
Mitzpe-Shelagim, ta beauté attire tous les regards.
Tu es plus souple, plus rapide que le plus superbe félin
Parce que tu as des mains
Qui connaissent les vents les plus forts,
Tes voyages sont des déferlantes de puissance, et tu restes encore
Humble, doux, vrai, bon, lumineux,
Tes mains, tes yeux,
C'est tout ce que j'ai de toi,
Puis-je espérer partager et accepter tes lois ? :
"La justice et le droit sont la base de ton trône, [d'or et de fleurs]
L'amour et la vérité marchent devant toi"[xix]
Et t'ouvrent au plus justifié des bonheurs,
Un beau jour, une belle nuit, près des tiens.
Laisse-moi te parler du même chemin
Que le tien : des savanes, des faunes, des clairières
Je veux être ta lumière, et comprendre tes prières,
Peut-être tu t'assiéras un instant
Avec moi un temps

Au bord de l'océan,
Là où règne le silence des secrets,
Pour me dire que *"tu agiras amicalement [...]*
[C'est le pacte avec Jonathan
Et] c'est dans une alliance divine que tu l'as fait entrer
Avec toi [...],"[xx]
Et cela ne s'explique pas ...
S'il est ton ami,
Alors il est mon ami.
Il t'encourage à aimer,
Il veut nous aider dans notre destinée
Il est heureux que tu sois
Roi.
Ce lien créé est un engagement :
Un serment,
"[...] en proclamant la liberté de [ton] frère ; [...]
Dans la maison qui porte [votre] nom"[xxi], votre pierre.
Affranchir les esclaves sous le règne de Sédécias : nouvelle alliance
Vous vous êtes dit *"Maintenant, tiens, concluons une alliance,*
Moi
Et toi,
Ce sera une alliance entre nous deux"[xxii]
L'important est de ne pas avoir peur de regarder son feu,
Lui faire confiance pour la vie ...
Je respecte tes amis,
Ils t'ont aidé à aimer et continuer la vie

Avec pudeur,
Avec honneur.
Roi avec des amis,
Roi avec de l'amour,
Attendu depuis toujours.
Et dans tout ce temps,
Le temps des plus profonds sentiments
Tu es, tu seras l'unique être aimé
Tu connaîtras bien d'autre félicité,
Mais la plus grande sera de veiller à la vie,
Chaque fois où tu souris.
Ton cœur est fleuri, comme un chant où j'aime me promener,
Même s'il y a la guerre, il y aura toujours des fleurs et des oiseaux,
Et l'amour !
Aujourd'hui il fait beau
Et cette arche du jour
C'est aussi le livre de l'alliance,
La permanence de l'existence,
De mon amour sans limites,
Dont tu hérites constamment, je t'invite
À ouvrir les yeux sur moi,
Je suis juste face à toi,
Et je te serre contre moi.
Et cette chaleur qui nous fait vivre des moments d'exception
Je l'emporte partout où je vais,
Parce que je rêve de t'accompagner.

En faisant bien attention
De ne prononcer ton prénom,
Que si tu es à côté de moi,
Et je l'avoue dans mes rêves parfois.
Ton prénom ne sera jamais aussi beau que toi.
Tu portes la beauté,
Comme certains portent des colliers.
Et chaque fois que nous faisons l'amour,
Le collier brille dans tes yeux tous les jours,
Jusqu'au prochain jour :
Il s'aggrandit,
Il prolonge notre vie.
Et la vie de la vie.
Tes dix doigts accompagnent l'amour,
Jusqu'à l'irradiation totale du jour,
Et jusqu'à l'heure où il va se coucher
Dans les bras des fées.
C'est toi qui pose dans les mains des fées la lumière,
La première, lumière sur la terre.
Tes mains sont une corolle,
De douceur et de paroles.
Tu ouvres tes mains,
Et la lumière vient
Jusqu'à toi,
Jusqu'à l'intérieur de toi.
Le pays de mon choix,

Une douceur, au-delà
De ce que je n'ai jamais vu
Comment remercier de t'avoir connu ?
En protégeant ton cœur nu.
Tu fais l'amour à la lumière,
Et je deviens la cavalière
De la licorne du jour.
Tu fais lumière à l'amour,
C'est pour cela que tu aimes si ardemment,
Tu portes au front, un diamant,
Que tu ne portes que dans le vent
Lorsque tu pressens l'océan,
J'y ai laissé mon âme pour toi ;
Je suis heureuse d'être moi,
Et toi.
Si un jour, tu me fais l'amour, je te donnerai ma lumière :
Elle viendra de mon corps, de mon esprit et de son étoile,
Elle sera totale et demain sera aussi beau qu'hier
La clarté viendra faire escale,
Jusqu'aux marches du bonheur :
Elle prendra les couleurs,
Qui roulent dans ton cœur.
Ton corps est un océan,
Je nage à ta source d'enfant.
Ton eau est douce, chaude, apaisante
Ou glaciale et en furie,

Avec tes ennemis.
Au bord de cette eau, il y a ta tente
Je vais tout doucement la fleurir,
La couvrir,
Du plus doux cachemire.
Et tu verras comme c'est bon d'être aimé,
Et aussi d'aimer …
C'est respecter le souffle d'Achem,
Chaque instant où je t'aime …
Et toutes nos vibrations
Sont nos respirations
Simultanées,
Ensoleillées.
Nos souffles
Se donnent,
S'essoufflent
Et l'oiseau de l'amour fredonne dans nos cœurs
Pour la tendresse et l'ardeur.
Par le bouquet de soleil, que je porte dans mon éternité.
Veux-tu continuer avec moi la traversée ?
Pour toi, je suis une vie en fusion
Une fleur qui choisit ses chansons
Une chanson venue d'aussi loin,
Que l'origine de mon destin,
Ou de ton destin ?
Là où nous nous sommes connus un matin.

La terre existait-elle déjà ?
Est-ce le ciel et ses bras,
Qui nous a dit, à toi : "c'est elle"
Et à moi : "c'est lui ?"
Je veux être de ta vie, la plus fidèle,
La main qui te conduit sur les chemins de la vie,
Dans notre avenir, qui est notre vie à qui nous disons merci.
Ou, la main qui se laisse guider par l'avenir,
Cet avenir que tu es et me réconcilie avec la puissance,
Puisque tu m'offres, la jouissance
Tranquille, forte de bonheur et de rires.
Ta tente sur ce rivage, où protégée par la main suprême,
Nous entendra nous dire un, des "je t'aime,"
Comme un vent qui ne peut s'arrêter
Qui vole au-delà des rochers,
Les oiseaux heureux et glorieux de cet amour partiront en mer,
Là où voguent les bateaux de la liberté
Des canoés ou des voiliers
Puisqu'ils auront goûté le sucré et quitté l'amer.
Ils retrouveront une terre
Et l'être qui leur est le plus cher
Ton corps, plus doux que le chaud, plus doux que la soie,
N'appartient qu'à toi,
Mais Ô combien j'aimerais y être unie
Je pense à ton bien-être le jour, la nuit …
Et découvrir avec toi, les merveilles de la vie.

Faire l'amour avec un roi,
Faire l'amour avec ... toi,
Ne se raconte que par la voix des fées
Et quand tu reprendras ton voyage marin,
Je t'attendrai sur un voilier d'airain.
Les vagues ne cesseront de te murmurer,
Que la femme de ta vie t'attend fidèle
Et qu'elle t'accueillera de la façon la plus belle
Une robe, un ruban dans les cheveux,
Des parfums, souriants, heureux,
Et la conscience de vivre un moment délicat et si rare,
Tu m'aideras à fluidifier ma joie,
Car devant toi,
Les fleurs s'allument d'horizon
Le ciel pleut des chansons.
Les mots affluent pour chacun de tes espoirs.
Quel est l'espoir d'un roi ?
Peut-être rester simple homme quelques instants.
Guérir de tous ses désespoirs,
Pour vivre et chanter chaque soirs.
T'embrasser tendrement.
Comme embrasser la terre
Et les grottes stellaires.
Il n'y aurait pas d'étoiles sans terre,
Et pas de terre sans étoiles.
Tu es l'amant de l'intégral,

Du bleu.
Le songe d'un cheval heureux.
Le bleu : le rêve ... Me caresseras-tu la main ?
Je ne joue pas, je vis
Tu es l'instant de tout mon destin.
Merci.
Tu me donnes envie,
De connaître,
Un être,
Qui s'appelle David, et dont je n'ose prononcer le prénom,
Toutes les nuits, les fées (qui me savent) le couvrent de dons.
Voler de plus en plus haut,
Cueillir la fleur de l'oubli
Devenir le héros,
De la paix retrouvée pour son peuple au sein de la nuit.
Ouvrir à nouveau dans un grand soleil les portes de la liberté.
Je ne fais que suivre tes pensées
Et t'aimer,
Dans le secret.
Et toi, lecteur,
Comprends mon courage et respecte ma pudeur
Je ne suis qu'un être amoureux,
Et plus nous serons heureux,
Plus je continuerai à écrire,
Cette légende qui me suivra jusqu'au jour où j'irai mourir.
Et même après,

Puisque mes mots sont gravés
Quelque part,
Dans une parcelle de ton regard.
Dieu m'accordera-t'il la joie de veiller sur toi,
Sur chacun de tes pas ?
Même dans mon au-delà,
Je ne mourrai que si tu ne m'aimes plus
Ou si tu ne m'écoutes plus,
Je ne veux que ton bien : te donner la force qui est là,
Dans la force de tes bras.
La force éternelle a besoin de l'amour d'une femme,
Tu es fort, sens-tu que je t'aime de toute mon âme ?
Je te poserai aux côtés de la plus belle étoile, et tu seras magen
Sur ton royaume les deux premiers mots seront : shalom et amen
La terre sera très fière d'être aimée
Comme un enfant que l'on embrasserait
Je veux voire tes yeux regarder notre arbre aux secrets
Dont chaque fruit
Sera cueilli
Quand l'éternel nous aura souri,
Et nous aura ouvert les ponts de la vie.
L'arbre sera des deux côtés du pont
La fidèle jonction
D'un toi à un moi,
Et traverser ce pont sera joie,
Nous volerons entre l'eau et le ciel,

Ton sourire sera d'une beauté exceptionnelle,
Rayonnant au plus profond de mon cœur
Qui te soulage, dans l'amour et la liberté : le bonheur.
Nous volerons de tes bras à mes bras,
Rien ne nous séparera.
Et nos mains soudées
S'accorderont à la divinité.

La licorne bleue et la harpe

Elle porte le voile des musiciens en écharpe,
Elle projette leurs sons jusqu'aux confins de l'univers
La musique ne parle pas en mots,
Elle ne sonne jamais faux.
Ainsi elle est perçue au-delà de toutes les frontières.
Puisque le temps se dilate en permanence
Et l'espace n'est jamais fermé.
La musique est une joie et une chance
Pour toute l'humanité.
Mais peut-être pas au même moment,
Le temps que les ondes trouvent l'amour et ses courants.
La musique atterrit, depuis le ciel, depuis la mer
Elle est accueillie dans la joie
Et donne envie de rire dans les airs,
Donne des ailes aux maladroits.
La musique est humaine et divine (?)
Peut-être humaine parce que divine,
Peut-être divine parce qu'humaine
La musique intérieure est reine
J'aime la musique qui propose des sons issus de l'humain
M'entends-tu chanter la nuit, quand je pense à toi
C'est l'instant le plus intime de la journée,
Où je sens que ta fatigue disparaît,
Puisque tu retrouves la joie
De contempler tout ce que tu as créé,

Par ta seule pensée,
Tu chantes dans l'esprit des gens.
Tu fais partie des plus grands,
Qui savent sembler petits
Pour mieux respecter leurs vies.
Et tu m'as toujours respectée, merci
Même si tu m'as montré ta puissance.
Je sais bien que ce n'est pas par orgueil, ou par vanité
Et comme on l'aurait fait dans l'enfance,
Pour ne pas mentir, mais garder ses secrets :
Saura-t'on un jour qui t'a mis une harpe dans la main ?
La nature, elle chante précisément le soir et le matin.
Lorsque D. laisse dormir l'Homme pour rêver,
Et la femme pour s'évader,
Dans le jardin des anges, dans le jardin de leur passion.
Là où l'Homme n'aime qu'une femme sans exception,
Où la femme garde ses trésors uniquement pour lui.
Car, bizarrement c'est vers toi que m'a guidé la poésie.
C'est l'une des merveilles de nos vies.
J'espère un jour mêler mes mots à tes mélodies,
Pour embellir la vie.
Faire l'amour avec toi, c'est chanter très fort
Dans notre silence qui espère encore,
Qu'aujourd'hui sera toujours suivi d'un lendemain
Tu es la promesse de l'eau qui s'écoule au son des musiciens
Une musique comme une vague sur le refrain,

D'une partie de ta vie,
Qui cherche quelquefois ma vie.
Je suis la musique de ton amour,
Depuis toujours,
Ce jour où tu as pensé qu'il te fallait une femme à tes côtés
Digne de ta royauté.
Tu m'as cherchée
Tu m'as trouvée
Ou le hasard nous a réuni,
Tu es un véritable soleil de vie,
Là où j'irai frotter mes ailes à ton énergie,
Je ne saurai jamais
Qui remercier,
Le hasard ou ta royauté …
Le hasard conjugue des mystères,
Et ta royauté marche en avant sur toute la terre :
J'ai toujours été là avec mes mots,
Et je t'apprendrai à les entendre dans le vent,
Ils iront vers toi, tu ne perdras pas ton temps.
Ils seront écrits sur ton drapeau :
Hesed,
La fondation, la communion perpétuelle d'une aide,
De D. qui veut nous donner amour et paix,
Et nous porter sur le lac de la tranquillité.
L'amour vient se poser comme une fleur
La paix efface toutes les erreurs

De l'humanité
Et c'est en chantant que les peuples se parlent de liberté.
La liberté
Est comme un baiser,
Elle est l'espérance
De la plus grande délivrance
De Saül à David, lequel est le plus mélancolique ?
Le roi David joue de la harpe dans des instants magiques,
Et aide à descendre dans le fond des âmes,
Sa mélodie pénètre tout : des temples jusqu'à sa femme
Un temple n'est-il pas aussi honorable qu'une femme ?
Ouvrir une porte, c'est d'abord sourire,
Puis avec des pas respectueux, découvrir des empires,
Et comprendre que parfois, c'est le but de toute une vie,
Une vie qui sera, (ou qui l'est déjà) bénie
Est un plaisir,
Tu peux tout découvrir
Puisque ton incroyable pureté,
Est le chant de toutes les clefs.
Saül, premier roi de la terre sainte
N'a probablement jamais eu de craintes (…)
Sa seule mélancolie résidait dans l'absence de plaisir
Et l'amour du pouvoir de la guerre,
C'était un roi fier,
Qui ne respectait pas le joyau offert par Dieu, l'alliance.
D. par l'intermédiaire de Samuël convinrent d'un nouvel avenir

Pour ce roi, finalement sans intelligence
Le futur roi fut alors désigné,
C'était un homme doux, simple berger
Du simple nom de David,
Dieu savait qu'il saurait être le protecteur et le guide
De l'alliance qui provenait peut-être de béth éem
Comme David lui même.
Tout d'abord écuyer, il devint un fervent guerrier
Au service de la divinité.
Le premier roi se voyant déjà destitué
De la royauté
Voulait attenter
À la vie de cet homme entré dans sa vie
Ce péché
Entraînèrent les deux hommes dans le désert deZiph.
Alors David et ses hommes sortirent de Keila
Et Saül à son expédition renonça.
David resta dans le désert de Ziph
Jonathan, fils du roi jaloux
Tint au roi David, un discours très doux
Il lui promit la liberté
L'invincibilité
Ils firent tous deux alliance devant l'Éternel,
Dans un désert aux rochers éternels.
Leur union suffit,
Et chacun des deux repartit.

David, mélancolique dans la solitude de Maon,
Et le roi vindicateur prit conscience de la situation :
Le berger d'un côté de la montagne
Le roi assassin de l'autre
L'un cherchait à sauver sa vie,
Tandis que l'autre
Avait la nostalgie de ses campagnes
Guerrières,
David ne pensait qu'à la vie
Saül, pourtant premier roi
Désobéit aux premières lois
Il tua.
Pourtant le décalogue existait déjà …
David, berger, hors la loi,
Futur roi,
Était à la tête de révolutionnaires,
Qui vivaient avec lui dans le désert.
Ils savaient où trouver
La boisson et le gibier
Et connaissait tous les endroits secrets
Pour asseoir sa royauté,
Qu'il portait dans son cœur
Avec joie, dignité et bonheur.
Depuis les cieux, les anges le couvraient d'amour et de fleurs
Et je te voyais dans le ciel, au rythme des heures
Victorieux de Goliath, jusqu'aux autres guerres.

Il me suffit d'ouvrir les yeux pour comprendre ton intemporalité
Ton passé aime ton futur,
Tu es le roi de l'éternité,
Tu visites chaque jour, le mur.
Tu construis une cité, des maisons pour tes serviteurs,
Le soleil y entre de bonne heure,
Chaque pièce est entourée de fenêtres,
Les oiseaux cherchent à les connaître,
Parce qu'ils ont besoin de te chanter,
Et moi de t'aimer.

Ma clé s'est perdue un matin d'hiver
Elle attend la main d'un homme ni fermé aux arbres, ni fier
Une main plus douce, qu'un homme en prières.
Le psalmiste souffre du malheur d'être loin du temple de Dieu
Mais trouve réconfort dans certains yeux,
J'aimerai qu'en me regardant,
Tu explores tous les océans
Et que tu comprennes plus vite que le vent
Avant même que tes ennemis n'aient envisagé d'être violents
Tu vis, plus fort que la vie,
Tu fais taire ton ennemi
Il t'offre la survie
Et pour toi j'ai fabriqué
Un petit livre où je raconte combien tu es aimé
Parce que tu protèges nos secrets

Et que tu laisses entrer dans le temple, le vent.
Le chemin vers le temple est et sera toujours un secret,
Le premier temple et sa virginité
Les rois du monde entier doivent la protéger,
Comme une fleur qui te parle du sacré,
Sauras-tu comprendre son langage ?
Elle te parle des pluies, des éclaircies sur les rivages,
Tu ne dois pas être triste, pour toi, mon cœur sera encore bleu
Ta harpe a des pouvoirs merveilleux :
Tu hypnotises les serpents,
Tu fais tomber à terre, les titans,
Et tu fais danser l'amour dans l'océan.
Tu chantes aussi, ta voix est une gorgée
De profondeur ensablée,
Que seul l'amour peut donner
Une fois, dix fois l'éternité,
Si tu veux bien ?
Puisque D. propose à quelques humains
De parcourir l'univers et ses chemins
Pour trouver la force de vivre, d'aimer.
Je ne te quitterai jamais,
Le vent saura où me trouver,
Je souhaite que tu apprennes à l'écouter,
Car D. parle aux rois dans le vent,
Dont il est le souffle permanent …
C'est un vent constellé,

J'aime écouter le vent de ton amour et son éternité,
Parce que tu es doux comme un berger,
Et fort comme le lion de la terre où tu es né.
Tu rugis dans le silence qui vient,
Mais tu ne tues jamais avec tes mains.
La mort n'ose s'approcher de toi,
Tu la chasses hors de ton être-là,
Et je t'aide à la porter au-delà de toi
Pour que le temple et l'océan aient toujours un roi.
C'est un vent qui m'emporte loin
Mais ce trajet,
Est tendrement éclairé, et
Ne peut se faire sans tes yeux, tes mains
Car ils chantent l'étoile de notre amour.
Veux-tu être mon amour ?
Penser à moi ?
Gagner les combats ?
Te reposer dans mes bras ?
Je t'aime tellement fort que tu me fais rêver,
Et ces rêves sont les seuls cadeaux que tu veux accepter …
J'en ferai des colliers de clochettes pour tes nuits,
Ils ne te réveilleront pas, ce sera pour toi, une autre vie :
Tu peux vivre plusieurs vies à la fois,
Tes adversaires ne comprendront pas,
Ne te trouveront pas.
Ils ouvriront les volcans,

Ils plongeront dans les océans,
Mais les cieux, ils n'y auront pas accès,
Je surmonterai ma licorne et j'interdirai
Même leur imagination de toi,
Invicible, tu seras.
Champion : des fleurs envahiront tes bras.
J'assisterai à toutes tes victoires
Oui, tu mérites la gloire
Je prendrai soin à ce que personne jamais plus ne te fasse du mal
N'essaie de déchirer tes étoiles,
Tu protèges toutes les lueurs du firmament
Tu les caresses à l'abri du temps,
Même durant son exil douloureux,
David continue à magnifier ce Dieu, qui semble loin de ses yeux
Se mêlent en lui mélancolie et espérance,
C'est la raison pour laquelle, la harpe chante dans le silence.
Quand David se tait, ses mélodies continuent à venir jusqu'à moi,
Mais il me parle dans ses rêves depuis là-bas
Et là-bas ce n'est pas si loin
C'est tout prêt de notre destin.
C'est pour cela que je t'entends toujours,
La seule gloire que je veux connaître est ton amour.
Même si l'amour n'a rien de glorieux,
Le tien a toutes les victoires dans ses yeux.
Tu es le seul homme dont je veuille me souvenir
Et qui me fait rire

Est-ce un hasard si amour
Rime avec humour ?
Ce sont deux plaisirs qui viennent spontanément :
On ne peut forcer quelqu'un à aimer
Ou rire naturellement
De bon cœur avec sa simplicité.
Avec sa sincérité.
C'est bon la vie,
Quand elle se laisse bercer par les mélodies,
Par toutes tes symphonies
Que tu ramènes des nuits
Où ta harpe, parfois chante seule (?)
Et toutes les étoiles du monde entier veulent
L'entendre, alors elles se penchent aux balcons du ciel
Et deviennent de plus en plus belles
Parce que c'est la harpe du plus doux de tous les rois,
Celui dont on parle dans tous les endroits.
Moi, je n'en parle qu'à mon esprit,
Et c'est pour cela qu'il est ma vie.
Depuis que j'ai entendu parler le paradis.
Une part de nos vies.

Mon esprit vit
En corrélation avec le cœur de mes envies,
Voire la licorne aimer la harpe bleue
Car c'est dans le ciel que tout a commencé

Et ce ciel était bleu de feu.
J'ai ouvert mes yeux
Et j'ai ressenti l'amour, l'admiration devant cette éternité.
Une vague symphonique,
Une présence magique,
La musique …
L'océan, les vents, les grains de sable dansent dans la mélodie
De l'être qui fait de ma vie,
Un été en plein hiver,
Et peindre le monde de toute la lumière.
Que mon amour propose à tes yeux,
En t'apportant l'amour lumineux,
À chaque instant où tu crains l'obscurité,
Je veux être une part de ta clarté,
Et te regarder aimer
Et te respecter si tu as besoin de pleurer.
Je suis une âme pleine,
Je souffre quand tu as de la peine,
Et de la joie,
Quand tu ne dis pas que tu es roi,
Parce que tu veux lire
Dans les sourires
Le vrai respect,
La simple joie de te regarder,
Dans le bonheur de t'imaginer,
À mes côtés.

Je suis au bonheur de ta réalité.
Je vivrai toute ma vie, pour te regarder
Parce que tu es entouré d'étoiles,
Puissances d'un signal
Pour ta lumière,
Je t'offre les chevaux de ma clairière.
Il t'apporte une liberté,
Qui appelle, ta vérité,
Même si je ne comprends pas toutes tes pensées,
J'aime
Quand tu aimes.
La lumière se répand de mes yeux
À tes yeux
Et nous sommes comme un tableau animé,
Par la clarté,
Puisque c'est ce summum divin qui nous fait vivre et s'aimer.
Tu es musique, lumière, amour,
Je t'aime chaque jour,
Et ce n'est pas anodin si la lumière aime le bleu,
Regarde la flamme, n'y vois-tu pas du bleu ?
Il y a aussi cette terre orange,
Pleine des chants des anges
Oui, les anges chantent sur le son de ta harpe
Tout le jour
Et c'est le délice de l'amour.
Mais les anges ne t'aiment pas autant que moi

Et j'aimerai être cette harpe
Sur laquelle tu fais parler tes doigts.
Les paroles sont tout ton être
Des paroles de connaissance, qui sont peut-être
Les tous premiers mots d'amour
Tu es roi, tu as le choix,
Parmi tout ce que je te donne, et qui vient de moi.
Me caresser le jour,
De cette vague rapportée de ta nuit,
Où tu implorais l'énergie
De construire, d'édifier
Un monde de vérité.
La vérité d'un roi,
C'est de comprendre tous les mondes à la fois.
Une vérité que tes psaumes musicaux
Rendront audibles et deviendront mots
Le mensonge ne te frôlera pas.
Car il appartient à un monde parallèle qui ne nous atteint pas.
Il existe plusieurs vies
Celles des impies,
Et celle des êtres qui regardent encore les fleurs,
Comme un miracle de beauté,
Les miracles apportent du bonheur,
Et le plus beau miracle sera ton baiser.
Un roi qui aime est un roi heureux,
Qui ouvre grand les (…) yeux

Lorsque le soleil, se lève
Lorsque sa femme sort de ses rêves,
Et décide de lui prendre la main,
Pour lui enseigner et entendre son beau, son bien.
La harpe du roi a quelquefois des notes féminines,
Alors, le roi imagine,
Des moments de vie exceptionnels
Où leur union se fera dans l'essentiel.
Être accepter dans le cosmos ensemble
Sentir notre vent qui tremble.
Chanter près du frisson du vent,
Se regarder longuement,
Pour s'imprégner de cette merveille que tu es
Et t'emporter sur les vagues douces et chaudes de ce soleil
Où tu m'as appris le commencement de la merveille.
De tout, absolument tout ce que la vie m'a donnée,
Surtout laisser la licorne bleue dans une fleur
Explorer l'ici et l'ailleurs,
Où rode
La vie qui se prolonge
Vers tes plus étonnants songes,
Et de cet étonnement tu feras vibrer mon cœur,
Dans cet océan qui fait notre bonheur.
Entre nous, il n'y a ni distance,
Ni absence.
Puisque toujours j'entends le frôlement de tes mains

Qui cherche déjà mon demain.
Puisque tu as décidé de continuer
À vouloir m'aimer
À me laisser chauffer
À la seule pensée,
De toi.
De penser à tout ce que tu vois.
Je vois du passé,
Que tu veux oublier.
Et du futur que tu veux espérer.
La puissance de ton esprit protège et fait grandir,
Je te vois, ! Je ne peux m'empêcher de sourire
Je te vois et le soleil monte haut dans le ciel,
Mes rêves, ma quête deviennent réelles.
Tu es l'éclat de diamant,
Le plus beau rêve d'il y a déjà bien longtemps …
Je te voyais marcher de plus en plus beau,
Je te voyais penser devant toute cette masse d'eau,
Tu voulais comprendre pourquoi le feu
Existe à la fois dans le ciel et sur la planète bleue.
Tes yeux magnifiques scrutaient l'horizon,
Et venaient à toi des réponses et des questions,
Savais-tu que l'amour flottait autour de toi,
Et que c'était déjà moi,
Qui avait avouer au vent tout mon amour pour toi ?
Parce que j'ai vu en toi les étoiles de mon passé,

Nous nous sommes toujours aimés,
Même avant de nous rencontrer,
De la mer a jailli le serment, la vision
De notre union.
Le soleil te donnait toutes ces forces, et le vent avancer
Rapidement vers nos futurs étés.
Où le sable sera notre lit
Futur bivouac rien qu'à nous,
Il nous faudra remercier la nuit
De ce feu si doux, qui ronronne en nous.
Et qui me donne envie d'être tout pour toi,
Ou d'être juste à toi,
Avec mes fleurs, pour toi de plus en plus belles :
Les prolongements de mes mains, qui aiment te caresser
Jusqu'à ton âme à réchauffer ;
Lorsque tu ne t'y attends pas,
C'est tout simplement le réconfort d'une femme éprise de toi.
L'étincelle
Qui brille de plus en plus près de ta tunique bleue ciel,
Qui éclaire mes vies passées jusqu'à aujourd'hui,
Tu es l'amour de toutes mes vies.
Et ta harpe ralentit le temps
Jusqu'à maintenant …
Le temps a choisi le rythme des rivières,
Parce que tu as créé une prière,
Pour que le bon temps revienne,

Comme un ressac, perpétuellement,
Un temps où le vent emporte les peines,
Où l'amour s'éprend
Des chevaux blancs,
Et peut-être de moi …
Car je reçois tellement d'amour de toi …
Comment honorer le bonheur de ta vision ?
En chantant toutes tes chansons,
À toutes les extrêmités de ce monde où tu illummines
Puisque tu accèdes à la compréhension divine
Par le simple fait que tu es ce roi,
Que les gens ne connaissent pas.
Puisque tu n'iras pas sous le tamaris de Guibéa
Tu deviens une parcelle intime,
De la vallée du Rephaïm
J'ai vu ton couronnement,
Compris ton dévouement.
Je t'ai vu plier genoux devant ton seul seigneur,
Je t'ai vu lui rendre honneur,
Dans le sourire et les pleurs.

Je suis aujourd'hui
Dans ta vie
Et je vois dans tes yeux se lever et se coucher le soleil,
Et je sens dans mon être, à la pensée de ton amour : merveille
Ta harpe est la seule couronne que tu acceptes de porter,

Tu la portes toujours en bandoulière,
Elle te transmet toutes les prières,
Lorsque tu marches au bord de la mer,
Et je rêve d'être cette eau qui vient caresser tes pieds,
Lorsque de la terre, tu as trop foulé.
Je suis ta panacée
Et tu ne pleureras plus jamais,
Et moi non plus, car nous nous sommes trouvés.
Notre amour est si fort,
Qu'il accompagne nos efforts,
Je visite tous les arbres sacrés
Pour savoir comment te protéger.
Nous frôlons la réussite
Et nous survolons les plus beaux sites
Du monde : les étendues de nos corps
Nos bouches qui murmurent encore :
La vie, dans tes bras qui me fait chanter,
Et je deviens ta harpe personnelle,
Il n'y a que pour toi que je déploie mes ailes,
Et les courants de l'espace sont des franchissements de degrés
De plus en plus élevés
De cet amour créé
Depuis tellement d'années.
Ma destinée sera toujours de t'aimer,
Quel que soit le jour du temps
Je te ferai connaître mon vent.

Nous sommes des enfants de Dieu
Darwin n'a jamais su, quels sont les atomes du feu,
La combustion,
Le brasier de la passion
Que nous vivons
Ne s'explique pas.
Je crois en toi,
Tu crois en moi.
Tu as le cœur tellement fleuri,
Que beaucoup avec toi, s'imagine tout permis.
Qui que l'on soit, nous avons droit à l'océan et à la vie.
Et je l'ai compris,
Dès que j'ai entendu ta mélodie
J'ai compris l'océan et ses coquillages qui rares,
Sous ton regard,
Deviennent les perles de l'univers.
Il y a une partie de toi, dans toute la matière,
Dans tout ce que Dieu a osé faire,
Et la plus belle prière,
Est de préserver notre terre,
Qui n'attend que l'amour, tout le temps.
Je te donne et mon amour
Et mon temps,
Regarde je suis tout autour
De toi,
Tu apprends chaque jour de nouvelles lois.

Peut-être un jour tu m'en apprendras.
J'écouterai, pour comprendre quels sont mes droits,
Puis j'irai me reposer avec le sourire de l'espoir,
Qui brille dans mes yeux tous les soirs.
Et j'entends des histoires,
Bleues-nuits
Comme le jour et la vie.
Dans notre chambre, ta harpe raconte aux fées
La splendeur de cette réalité,
Qui vit dans la douceur et l'intelligence,
Tu es une chance,
Je ne passerai pas à côté
Je m'enroulerai dans la joie
Que j'enverrai jusqu'à toi,
Car nous avons les mêmes chemins intérieurs,
Le respect de la terre, des animaux, des fleurs,
De toi …
Je voudrais te porter en collier au chaud sur mon cœur.
Chacune de ses perles auront traversées des épreuves,
Et c'est le son de ta harpe qui fait naître l'étoile neuve,
Qui vient de paraître,
De naître
Dans l'azur bleuté,
Que l'amour a posé
Face à nous, pour avancer
Du côté de la mer inondée

Par ton sourire,
Que j'aime à mourir.
Parmi tous mes visages de joie,
Il y a ceux profondément pour toi.
Qui pleurent quelque fois.

Et dans le système sidéral,
J'irai choisir une étoile
Sur laquelle nous irons nous aimer,
Si un jour, la terre est trop fatiguée,
Et nos ébats amoureux
Qui font briller nos yeux,
Aideront la terre, à réordonner son chaos,
De l'amour, des choix, des mots
Que les rois se donneront d'abord pour leurs tribus
Mais aussi pour leurs voisins,
Être nus
Et ne pas avoir froid et faim.
Aimer offrir des fleurs,
Tendre à ton cœur,
L'envie et la promesse d'un sourire,
Qui te parle toujours de notre avenir.
L'envie et la promesse aussi
Pour aujourd'hui
D'un temps qui au nom de l'amour,
Se mettra à chanter tout le jour.

Et il aura mille fois raison,
L'amour ne connaîtra pas de prison.
Jour après jour, l'évolution
De ta vie,
Dans ma vie.
Je te répéterai toute ma vie, à chacun de nos matins
Que le soleil peut fleurir en danses sur le rythme de nos corps,
Que le soleil nourrit et dresse une table de fruits et de vin,
Et qui restera encore
Et encore,
Tant que tu auras faim
Tu satisferas ton besoin,
Sans honte, et naturellement,
Tu oublieras qu'on t'appelait le mendiant.
Lorsque tu allais, roi dissimulé
Pour éprouver de ton peuple, sa bonté, sa dignité et son respect,
Tu regardais heureux,
Lorsque tu lisais dans certains yeux
Une tristesse, une compassion,
Devant cette compréhension.
Et cela te confortait : oui, mon peuple est bon,
Et je suis heureux de voire Jérusalem briller dans la lumière.
Ce lieu sacré retient les mémoires de tant de prières…
De rêves, d'opinions
Et tous les jours de nouvelles suggestions.
Je rêve d'un monde sans violence,

Un monde qui sera doux, avec des êtres qui pensent…
Mais je sais que c'est un rêve,
Un rêve …
Qui se réalise,
Lorsque l'intelligence se mobilise
Pour traduire les signes du visage, en mots.
Tu peux lire les rêves de la nuit sur l'espace du cadeau,
D'un réveil à la survie.
Je suis deux fois en vie.
Mon subconscient et ma cadence
L'inconscient qui demande l'accès à la conscience,
Des anges qui viennent caresser ce qu'il y a au fond de toi
Alors je rêve de mon roi. …
Et ce rêve est doux, mélodieux,
Il respecte la licorne bleue.
Mais il faut se taire,
Car elle protège, comme elle peut, la terre.
La licorne bleue hennit dès que tu joues ta musique
Et ces chants d'amour te font pénétrer dans un univers magique,
Là où je t'attends dans l'amour, pour l'amour.
Jusqu'aux premiers jours
D'une terre qui puise parfois ses forces dans son origine.
L'amour qui se décline,
Comme le soleil à la première palpitation
De la vie.
La première saison

Du paradis.

Je t'attendrai au bord de notre étoile, pour enfin t'aimer
Et pouvoir se donner une folle envie de danser,
Au son de ta belle cithare
Jusqu'à des heures …, vers la nuit, la tombée du soir.
Et je deviendrai mendiante riche de tes regards.
Tu es plus désirable que l'argent et le pouvoir.
Et si je te le dis, c'est parce que tu as besoin de le savoir.
Tu as tellement besoin d'amour,
Je te consacre l'assemblée de mes jours.
Je ne perds rien
Je gagne le rivage divin.

Tu me donnes tellement : de force et de rêves angéliques
Je suis assise sur un bateau qui vient d'Amérique,
De Grèce ou d'Afrique,
Et je viens vers toi, avec des mots
Que tu sauras transformer en actions,
Car tu es un homme beau
Qui n'a pas peur de plonger dans ce qui est profond.
Je dis,
Tu agis.
Tu es l'homme de ma vie,
Je suis la femme de ta vie.
Et nous avons des amis

Qui nous aident à construire
Cet avenir
Où la harpe se promène dans le vent.
Tremblante, heureuse sous le temps,
Car le second temple a été reconstruit,
Et n'a jamais sombré dans l'oubli,
La harpe porte en elle, la mémoire
D'un peuple qui s'avance dans une très longue et belle histoire,
Je suis avec toi, et je marche sur le sable, en te chantant,
Je te sais radieux et je te veux dansant
Je suis et serai amoureuse,
Respectueuse.
Le pas lent, le souffle long,
Je chante les chansons
Que m'inspire cet extraordinaire amour, en présence du désert.
Les dunes de sable vivent et racontent la terre,
Et le vent posé dans l'air
Protège les mystères,
Dans des tourbillons qui créent ce flou,
Dont le désir de voire, peut rendre fou.

Ou sauver celui qui prend le temps de rester
Immobile à entendre ta harpe chanter les premiers pas,
Du roi que tu es devenu …,
Tu sais écouter,
Et j'aime être près de toi,

Pleine de rêves, ou devant toi je suis nue,
Puisque tes yeux voient,
Ce que les autres ne verront jamais,
Peut-être parce que tu es plus qu'aimé …
Espéré à chacun de tes rêves de royauté.
Un roi n'existe que s'il est aimé,
Et tu l'es pour, ce que tu as créé : l'éternité,
Tu es le roi du temps,
Et dans ton cœur, chaque instant
De ton amour de la vie,
J'aime parler devant la lumière, et te dire : oui.
Oui, à la joie de tous nos instants
Chante, danse avec le soleil levant.
Et l'azur dans tes yeux devient géant.
Plus vaste, plus bleu que tous les océans
Il m'éclaire,
Puisque là est ta lumière
Ta force du matin, ta première vigueur.
Et tu sens l'amour de ton cœur.
Personne ne sait ce qui te fait peur,
L'injustice redouble ta vigueur,
Ta force, la lumière de tes yeux,
Qui est une providence vers des jours heureux ;
Et la harpe que tu portes t'apporte les prédictions,
Et te suggèrent les pardons.
Un jour peut-être tu t'approcheras du zohar

Puisque son étude providentielle
Est suggérée le soir
Après quarante années de vies substantielles.
Aujourd'hui tu peux,
Si tu le veux …
C'est le rêve de vivre dans la conscience divine,
D'être aimé par les forces masculines et féminines
C'est au nom de cet amour que tu as créé l'éternité,
Pour que je ne cesse pas une seconde de t'aimer.
Je suis une femme qui en rêvant de toi,
Se révèle devant Ea.
En douceur, sous ta mélodie d'amour,
Le jour,
Où tu auras définitivement oublié,
Le manque de respect,
Qui a fait couler tes yeux,
Alors j'ai plongé dans les flots
Pour que tu sois toute ma vie, mon héros.
La harpe te chante l'amour que Dieu,
T'apporte avec ma présence dans ta vie.
Je rêve de rester tout près de tes harmonies,
Et de les porter aux fleurs de mon pays,
Que tu m'as offert pour m'apprivoiser
Un domaine de musique, de chants, de fleurs, de forêts,
Ta harpe m'autorise à me relier au ciel,
Tu seras mon psychagogue, et mon époux,

Le seul homme capable de m'apaiser vers ta vie qui étincelle,
De baisers, de voluptés, d'enseignement très très doux.
T'écouter parler,
C'est t'écouter chanter,
Mais je suis plus fidèle que ta cithare,
Car je suis dans ton corps, et que je te propose mon regard,
Pour te guider vers cette porte du futur
Qui protège notre présent, son azur,
Son océan, sans démesure …
Pas d'hybris, puisque tu mérites la simplicité
D'accepter d'être un homme courageux,
Un homme qui sait ce qu'il peut
Qui entend les commandements chantés.
Je t'entends les respirer,
Ils viennent à toi comme des bouquets,
Que j'ai passé tout le jour à faire fleurir
Pour que dans notre futur, tu n'ailles jamais mourir.
C'est si bon de t'entendre rire
Et de vivre pour notre avenir.
Que tu as comme moi envie de parcourir,
Dans un lit de sourires
Où je te respire,
Déjà,
Tu es partout autour de moi.
Et je pense tout bas,
Que je suis faite pour toi.

Ne crois-tu pas ?
Comprends-tu que j'ai envie de ta vie,
Comme du plus clair paradis,
Tu es mon ciel allumé,
L'espoir le plus grand et le plus parfait.
De tous les espoirs que le monde entier connaît
Tes harmonies,
Viennent de tes énergies.
De toutes ces vies,
Et qu'importe leur pays.
Laisser l'Homme choisir
Et l'aider à devenir
Bon, dans le sillon de ta lumière,
Avec ou non de prières.
Mais toutes les pensées ne sont-elles pas que prières ?
Dieu a donné la parole et le ciel
Pour donner les ailes
À tous les méragelim,
Je vis dans ce monde, sans mentir je parle l'intime.
Veux-tu être l'explorateur,
De tout cet intérieur,
Que je ne connais pas encore …
À l'intérieur de moi,
Tu deviendras de plus en plus fort,
Il y a une porte ouverte vers toi.
Tu retrouveras l'oiseau que je chante pour toi.

Mais quelle nature
Ou surnature
Procure
Les forces de la vie ?
Bien plus fortes que la mort.
C'est et ce sera toujours, l'amour encore ...
L'espoir de notre futur,
La dimension totalement exaltée de nos envies
De vivre l'un pour l'autre
À chaque matin autre,
Puisque l'Éternel donne à chaque jour autant de symphonies,
Alors, nous aurons un pays.
Un monde où les tensions seront équilibrées,
Par ta dextérité,
Et surtout par ta capacité à recevoir tous mes flux :
Pensées, joies, désirs, orgasmes à ta simple vue.
Alors, je ne pleurerai presque plus.
Et mes larmes iront rejoindre tes yeux,
Pour entrer en toi et laisser couler la rivière des jours heureux.
Puisque ta présence visible ou invisible,
M'aura enseignée l'inaudible,
Un amour dont personne n'aura encore su parler,
Mais qui résonne au son de ta harpe parfois bouleversée.
Alors, les arbres fleuriront en plein hiver,
Les oiseaux iront plus loin que la mer
Et mon sourire

Te fera parfois rire.
Tu es mon premier soupir
Il te dit : rejette loin de toi le souci,
Aime de plus en plus la vie,
Songe à nos réjouissances
Dans une permanence,
Dans le bruit,
Dans le silence.
Je perçois tes vibrations,
Je ne te remets pas en question,
Tes ondes sont des milliers d'horizon
Sur lesquels ta harpe répond à certaines questions :
L'amour ne nous quittera jamais
Laisse-moi chanter …
Et si nous vivions un concert de notre amour
Qui commence au début de la nuit et finit au petit jour,
Pour recommencer,
L'amour pour moi n'est pas qu'une inspiration,
Il est la seule solution
Elle est une nécessité.
Incarner l'universalité,
Puisque l'univers
Est la terre,
Où nous nous sommes découverts.
Veux-tu voyager vers moi, avec les anges pour l'avoda ?
Je travaillerai mes vertus, tant que ton soleil brillera.

Ce jour là, la licorne bleue te montra le chemin
Où la lumière caresse nos mains,
Où la belle harpe devient d'un bois bleu
S'accorde avec un océan langoureux,
Où il est bon de s'aimer,
De s'embrasser,
Sous la mélodie de Dieu,
Je veux être la harpe de tes yeux,
La mélodie,
De ta vie.

La licorne bleue et le Graal

La licorne bleue est comme le Graal,
Elle a des forces, mystérieuses, que l'on dit médiévales.
Elle se remplit de bonté,
Elle ne se présente qu'à certains, rois ou chevaliers,
L'existence de la licorne, comme celle du Graal n'est pas attestée
Pourtant ils ont rempli bien des légendes, … fabuleuses.
Ce qui est certain : la licorne est toujours heureuse,
Le saint-Graal est restitué dans la littérature,
Et, ils sont tous deux purs.
Ils ont connu les temps où le sacré était dans la nature.
Où les anges apparaissaient de temps à autre,
Et se serraient les uns près des autres,
Pour créer l'escalier qui conduit à la plaine d'amour
Où je te regarde vivre chaque jour,
Tu es toi-même un être d'une grande pureté,
Mes yeux te voient et j'ai de plus en plus d'amour et de respect.
Tes mouvements sont lents et purs comme l'été,
Leurs origines sont un mystère
Ils ont parcouru bien des terres,
Et principalement des forêts
Plus ou moins connues, la plus célébre étant Brocéliande
Dans la majestueuse Bretagne, la grande.
Elle y cache la fontaine de Barenton,
Qui prodigue à la fois des épreuves et des dons,
Non loin d'elle,

Se trouve une petite chapelle
Qui a sûrement uni des amants en secrets,
Pour la plus grande des félicités.
Si l'on se lève de bon matin,
On peut voire un pin
À proximité qui soutient un bassin d'or
Où les fleurs chantent et dansent encore,
Quand Merlin est triste, alors Merlin sourit.
Je pense souvent à lui.
Et je lui porte des souvenirs
Qui le font rire.
Il a une affection particulière pour les histoires d'amour,
Alors je m'habille de la couleur de ton amour
Et je le laisse deviner
La beauté de tes yeux en secret,
Il m'écoute, il te connaît,
Et il t'aime aussi.
C'est un homme qui partage raison et folie,
Il admire les deux.
Il sait lire dans le feu.
Il observe les galets rouges
Où l'eau et le feu se mêlent et bougent
Sous des braises et des brouillards matinaux,
À Brocéliande les flammes se lèvent tôt.
Elles laissent paraître le spectre de Brocken,
Parce que Merlin a les yeux d'un enfant innocent et très jeune

Avec cette source, le magicien apaise les douleurs de l'esprit,
De la vie, de la douceur, de la folie.
Qui viennent souvent d'un chagrin issu de la chapelle
Quand la mort appelle,
L'un des deux épousés,
Alors l'autre passera le reste de sa vie à le chercher
Et grâce à Merlin, va le retrouver.
J'ai souvent voulu le rencontrer
Pour lui dire tout mon amour de la terre,
Mon amour pour toi, mais dans le plus grand silence,
Il lit dans mon esprit, comme dans un livre ouvert.
C'est lui qui parle à tous les enfants de la terre,
Il choisit tous les matins, pluie, tempête, orage
Mais son cœur toujours bon et sage,
Font naître soleil et sourire,
Et pour les chevaliers en quête d'avenir,
Il propose des épreuves.
Le Graal en est la preuve.
Pour les chevaliers de la cour de Bretagne
Ceux qui viennent de leurs natales campagnes,
Et le spectre de Brocken pour certains provient du roi Salomon.
Depuis le plus haut des monts
On peut observer l'ombre considérablement agrandie
Parce que plein de soleil tourne autour de lui,
Alors, nous pouvons voire un nuage de gouttelettes d'eau
Ou un brouillard venu des flots.

Merlin sait comprendre les messages venus du ciel et des eaux,
Parce qu'où que ce soit, notre amour,
Est devenu pour lui, la première source du jour,
Il pose son bâteau sur le sol, dirigé vers le ciel
Et c'est le secret appel
De la licorne qui danse avec les fées de plus en plus réelles.
Merlin sait donner une place à notre merveilleux,
Il sait que nous serons heureux, puisque l'amour,
Que nous vivons,
Est pour lui, la seule solution
Qu'il entoure d'un cercle lumineux
Pour nous suivre toujours des yeux.
Merlin n'existe que pour la vie lumineuse.
Je suis un peu, son enfant, alors il me veut heureuse,
Par toi,
Pour toi.
Et lorsque nous nous aimons, le cercle est coloré,
Comme notre ciel d'été :
C'est notre joie, notre anthélie,
Comment dire merci,
À un enchanteur ?
Lui présenter des anneaux, des arcs colorés
Des infinis de baisers,
Une fidélité, à chaque instant à toute heure.
Nous sommes faits pour nous offrir du bonheur,
Salomon et les gens nous connaissent,

De par le spectre de Brocken et de part la source de ta tendresse
De jour, comme de nuit
Tu es la lumière de ma vie :
La lumière lunaire,
Peut créer un phénomène similaire,
Appelé antiséléne.
L'ombre de la haine,
S'envolera loin de toi,
Tu pourras gagner tout tes combats.
Dans mes yeux, il n'y a que toi,
Et si je souris, c'est parce que je pense à toi,
Et quand tu étais berger,
La licorne t'indiquait les sources d'eaux vives,
Pour toujours te préserver,
Avant que je n'arrive
Avec mes collines de baisers,
Ta douceur est la première pulsation de ta royauté,
Et je suis heureuse de te regarder.
Pour tellement de raisons :
Tu offres à ma perception,
L'infini.
Et je te chante la vie,
La mort ignore l'infini,
Elle n'est qu'un point d'interrogation,
Ou d'exclamation.
En été,

L'humanité est pleine de vitalité
Le soleil et les fleurs tendent
Leurs cordons de vie,
Vers ta vie qui m'a tout appris,
Là où les ruisseaux frissonnent sur les rives de notre légende
La religion celtique préchrétienne
En est la trace souveraine :
Le chaudron de Dagda, du dieu bon
A plusieurs talismans en sa possession,
Une harpe magique : Uaithne, harmonie,
Où le chêne a deux floraisons,
Les harpes ont toujours eu des pouvoirs sur la vie :
Et les fruits du chêne nourrissent
Les mendiants dont les yeux se flétrissent,
Là où se trouve ce chêne est le livre des conquêtes de l'Irlande
Mais aussi à Brocéliande.
La harpe peut influer sur les âmes,
Peut faire pleurer les femmes,
Elle joue l'air du "sourire"
Et les garçons se mettent à rire,
Le sourire est un rire muet
Qui fait chanter la forêt,
Elle joue l'air du "sommeil"
Et l'ennemi cesse sa veille,
Et s'endort,
Car il succombe à la force de l'or,

La musique de la harpe fait naître toutes ces pierres précieuses.
Une par une, mais pas aussi merveilleuse
Que l'or des larmes,
L'or des charmes :
Sourire
Et rire,
Mais aussi le poids du sommeil,
Un cadeau des anges qui te protège et surveille,
La moindre malveillance,
Car tu es amour et silence.
Puissance de vie et de victoire,
Uaithne est la mélopée de la gloire.
Tes anges pèsent sur mon corps,
Et je m'endors,
Dans une nuit extraordinaire,
Dans laquelle je n'espère
Que seules les étoiles de ton amour
Portées tout le jour,
Viendront danser
Pour que tous tes empires soient en paix.
Et que tu fermes tes yeux doucement,
Pour sentir mes vibrations nées amoureusement.
Alors la rosée des étoiles viendra te baigner
Et te soigner,
Si l'on t'a fait violence,
Et peut-être que tu sentiras que je pense,

À toi.
L'ami de tous les rois,
Qui décolle quelquefois,
Vers leurs pays imaginaires,
Et depuis le ciel, tu regardes la terre,
Tu vois tout, …
Et tu cherches l'amour partout,
Pour réunir ces forces et en faire la plus grande défense,
Et je pense,
Que tu es bon, intelligent, brillant
Et que tu n'as pas peur du néant
Comme la lumière,
Et que tu ne m'abandonneras pas comme on jette une pierre.
J'essaie d'être une femme vertueuse,
Pour que notre union reste heureuse.
Tu voles sur moi.
Ton envol est précis, silencieux
Tu survoles le monde de Dagda
Tu as ingéré la science dans tes yeux,
Mais de tout ce que tu vois autour de toi,
Tous tes secrets de roi, chevalier,
Tu as peut-être vu la fête des fées,
Avec lesquelles je chantais, pour toi
Et je mêlais ma voix
Au son de la forêt,
Jusqu'où volent les oiseaux ?

Comment alors qu'ils sont si haut,
Peut-on entendre leurs chants ?
Parce que tu es juste devant
L'arbre le plus secret,
De toute la forêt
Et que seuls les secrets t'intéressent
Et ma tendresse,
Que je porte dans mon calice,
Te porte dans mes rêves d'Alice
Au pays des merveilles je suis encore une enfant,
Et toi : un géant.
J'imagine qu'une fée a posé sur ton cœur,
Un oiseau qui est né dans mon cœur,
Et qui chante tout ce qu'il peut,
Je l'entends avec le ciel qui pleut,
Ou dans un soleil, le soleil de l'union
De l'amour et de la lumière,
Le langage de certaines pierres ...
Et l'oiseau chante encore plus fort.
Parfois il croise des dragons
La peur de ne plus revoir les clairières, et d'aller au pays de la mort
Interpelle mes chansons,
Pour les ramener à la vie entière.
Vers mon amour, qui est ma première
Réalité,
Le monde secret,

Où les licornes n'ont pas peur d'aller
Au gré
Du vent,
Pour voire le sourire des enfants.
La vie est le plus beau chemin,
Il n'a pas de fin,
Et sur le trajet,
Je ne pense qu'à t'aimer,
Pas seulement avec mon corps
Avec toutes les fleurs qui, courageuses sortent de terre encore.
Mais aussi avec tout ce qui pousse dans les flots du maître Jedi
D'étranges fleurs, qui comblent les failles
Et l'amour pour ce maître
Qui m'a ouvert son domaine,
Cet être,
Qui détruit la haine.
Il est venu vers toi,
Pour te confier la plus belle mission,
Rassembler autour de toi,
Les forces
Qui s'appellent : la force.
Mon devoir est de te montrer encore tous les horizons,
De t'aimer sans poser de questions,
Puisque je sais que tu es toi-même un secret.
Le secret de la terre libérée,
Les enfants pourront toujours chevaucher,

Les licornes et devenir des humains
Doux, forts, sages matin après matin.
Je volerai à côté d'eux en leur tenant la main,
Et ils apprendront comme toi,
Comme moi,
À cultiver la terre,
À comprendre les paroles de la mer,
De ta vie
Pour leur survie,
Lui apporter
Sans le gêner,
Donner son existence,
Pour l'abondance
D'un seul de leurs sourires,
Vers le même avenir
Puisque ce sont eux les futurs maîtres de l'univers.
Les enfants envelopperont la terre,
D'un champ magnétique puissant,
Comme l'amour que je leur tends.
Des énergies qui tournoient,
Aux commandements des rois.
Et tu en es le plus grand,
Car tu es patient, tolérant,
Convaincu de mon amour pour tout ce qui fait toi.
Je te connais, et je ne te connais pas,
Et c'est très bien comme ça,

Comment se fait-il que tu sois
Devant moi,
Si beau, vivant dans le choix de la joie,
Je marche avec toi,
Parce que je t'aime plus que tout
Et que tu sais qu'avec moi, il faut être très doux.

Personne ne connaît la fin de l'histoire,
Mais je sais que dans ce monde, je peux croire,
Dans ta suprême
Force : l'amour,
J'aime
Quand tu fais jour,
Et que tu comprends que je ne suis qu'une femme,
Qui a appris à nourrir son âme,
D'espoir, d'amour,
D'amour et d'espoir,
Dans une alternance,
Une excellence
Qui fait monter le jour,
Et qui livre ses secrets au soir …
Les secrets sont faits pour rester secrets
Et pour t'inviter à chercher.
Avec certains,
Mais lorsque le secret est comme un verre plein,
Alors, sans rien dire,

La personne qui crée ou partage son avenir,
Ne comprendra pas forcément le contenu du secret,
Mais saura caresser le poids de ce baiser des fées.
Avoir des secrets,
C'est avoir une responsabilité :
Ne pas blesser les fées.
Ce sont elles qui choisissent de rendre un événement secret
Et d'admirer ceux qui ne trahissent pas, cette vérité.
Ce sont des êtres calmes, doux et qui savent contrôler,
En dissimulant leur puissance.
Les serviteurs du Graal savent qu'ils détiennent un grand secret,
Et qu'ils ont la chance
D'avoir été choisi par les fées.
Et repoussent les magiciennes qui ne respectent pas les fées,
Si tu m'aimes, aide-moi à protéger
Les êtres sacrés,
Et les êtres fragiles comme du cristal,
Ceux qui ont la tête pleine d'étoiles
Je suis de ceux-là,
Je voudrais sauver le monde,
Et partager la ronde
Des nuages aux sommets des toits
Veux-tu être près de moi,
Pour trouver la bonne étoile ?
Veux-tu me pardonner si parfois j'ai mal ?
Certains disent qu'il faut sublimer la souffrance,

Je te le dis simplement j'ai besoin de ton amour, de ta confiance
Je veux être toute ma vie, ta bonne étoile, sur tes yeux,
Sur les chemins de la terre, juste pour que tu sois heureux,
J'aimerais faire briller l'espace,
Dans lequel tu te déplaces.
Transformer l'air autour de toi,
De gouttes de lumière,
Comme Merlin en a fait la prière.
Celle qui au début baignait la terre.
De lumière venant de moi,
De mon cristal, juste transparent
Clair, comme mon désir de t'avoir pour amant.
De cet amour que je te donne et qui me fait avancer,
Avec en tête la licorne et à sa suite toutes les fées,
L'horizon n'est pas si loin
Pour y accéder, j'emprunte ton chemin,
Je ne touche à rien,
Je regarde éblouïe
Et je rêve tranquillement d'être l'un des secrets de ta vie,
Je pourrais te rejoindre après tes exploits quotidiens,
Ou toi m'appeller avec cette douceur qui te va si bien,
Tu connais plus de choses sur moi,
Que moi.
Tu connais l'origine de beaucoup de mystères
Mais ce qui l'est parfois est une rivière
Que tu entoures de cailloux blancs,

Pour remercier les fées
Qui sourient à chaque belle idée,
De faire rêver les enfants,
De sentir que je t'aime autant
Que le soleil aime le ciel,
Que cet amour semble beau à tout ceux qui trouvent la vie belle
Mais c'est là un secret.
Jusqu'au jour où notre amour sera posé
Aux marches du temple,
Jusqu'au prochain temple,
À nouveau visible pour le bonheur des êtres,
Qui chaque jour veulent apprendre à transparaître.
Les véritables amours commencent toujours par être des secrets,
Puis la mer les épouse et les fait voyager,
Sur chaque vague que la lune fait monter,
Comme une larme de joie dans mes yeux :
Je sens ta présence très forte aujourd'hui, et j'en suis heureux,
Tu es cette porte ouverte à tous les sourires.
Aide-moi à franchir,
Les torrents,
Les glaciers, les volcans,
Pour te retrouver partout,
Dans un monde que nous laisserons doux
Où le génie, ne sera plus attaqué,
Où l'innocent ne sera plus maltraité.
Où l'argent servira à construire

Et non plus à acquérir.
Chaque matin, chaque jour je construis des châteaux de papier,
Pour que ton encre vienne s'y couler,
Les mots de la vie,
De notre vie
Qui n'existent que par la force de mon amour,
Et par mon désir du jour
D'allumer les bougies du courage
Mais pas n'importe lequel,
Celui avec lequel tu as grandi et devenu un homme sage,
Ta sagesse est un arbre auquel
Je suis liée par une force plus forte, mais belle comme la vie.
Une vie qui existe dans les mers et les forêts,
Partout où tu vas, à tous les endroits auxquels tu penses.
Tu es un homme à la belle pensée, de tolérance.
Et qui fait croître l'énergie
Des mondes au secret.

Dagda est un dieu bon,
Il chante la gloire
Et dissimule dans la forêt pleine de toutes les histoires
Du ruisseau, un chaudron qui porte son nom
La forêt du Graal est une forêt de questions
Les arbres, les lacs, les fleurs, les oiseaux cherchent le mot,
Que la licorne bleue peut prononcer
Devant les lances en sanglots,

Mais tous regardent la scène sans parler,
Pourtant le Graal est l'étoile sacrée,
Sur terre,
Il est probable que la licorne ait trempé sa corne dans l'éther
Que le hasard a posé à côté d'elle.
Comme le vestige d'un temps irréel.
Le temps
Est par définition
Surprenant,
Il peut sembler court ou long,
Alors l'Homme a appris à le mesurer
Pour désirer l'éternité,
Lorsqu'il a connu une joie de la vie,
Une joie suffit, lorsqu'elle est un cadeau inouï
À avoir envie de recommencer encore et encore,
Je veux sentir ton corps
Je veux être le baiser de ton désir,
Le sourire glorieux de ta nuit
L'espace de ta force splendide, et ... de mon plaisir,
Je vais déborder d'amour,
Tout ce jour,
Toujours
Et tu seras
Le seul à savoir pourquoi...
Je souhaite que cette joie t'accompagne toute ta journée,
Que mon être, mon esprit, soient la source de tes idées,

Puisque ton amour décuple mon intelligence,
Puisses-tu vivre dans la magnificence …
Et imaginer les étoiles sur l'océan
Où tu es venu naviguer, comme un homme grand,
Comme un soleil de coton,
Et j'ai vu ton horizon,
Quelques secondes
Et toute la nuit j'ai rêvé d'un monde
Près de toi
Parce que je t'espère au fond de moi.

Tu as vu mes troupeaux
De chevaux,
Mes champs fleuris,
Mes victoires pour l'infini,
Et pénétrer dans les profondeurs,
Dans l'inconnu de mon cœur,
Et tu as sûrement vu la vision que j'ai de toi,
Génie, chevalier, homme, roi
Mais je crois bien que j'ai un nouvel ami
Lumineux, intelligent et gentil
Il s'appelle musique et amour,
Le plus beau mot à employer chaque jour.
Il ne fait que chanter,
Pour que j'aille vers toi, vers ta liberté
Faire l'amour, c'est faire la vie.

Avec toi,
Tu m'as trouvée là.
Et c'est toi qui l'as choisi.
J'étais seule et blessée
Et j'ai senti ton besoin immense d'être aimé,
Alors je suis allée à la porte du paradis,
Pour demander la petite clé unique faite pour nous,
Je me tenais droite, debout.
J'attendais devant la boîte magique de l'Éternel,
La main d'une femme amoureuse d'un homme exceptionnel :
Toi, pour te donner l'essentiel.
Des regards, des sourires, des chants après l'amour
Comme pour remercier la force, qui baigne chacun de tes jours
Et tu cours
Toute la journée …
Prends ma licorne et allez galoper.
Rien de fâcheux, ne pourra vous arriver,
La journée sera très belle et ensoleillée.
Tu t'es baigné sous la pluie, et tu as reçu l'eau du ciel,
Les larmes de joie de l'Éternel :
Chaudes, douces, puisque l'un de ses serviteurs
Ne cesse de créer le bonheur,
Dans la vie d'une femme, ma vie.
J'ai senti ta chaleur, ta douceur
Toute ma nuit.
J'irai à chaque porte de l'espace porter ton prénom,

Et seuls les anges te répondrons
Le plus beau prénom de l'univers,
Si l'on conçoit la terre.
Ta route est déjà une victoire.
Les chants du monde entier te remercient pour tes gloires,
Devant l'obscurité,
Même quand tu te bats, tu continues à aimer.
Ton cœur est plus fort que ton épée,
Ton intelligence et ton intuition ne cesseront de se développer,
Pour que l'univers entier s'ouvre devant tes pas,
En douceur, sans effrayer ce qui soupire devant toi.
Cette nuit j'ai visité l'univers
Et tu n'as pas encore tout découvert …
Et sans dire mon prénom,
Il m'a reconnu,
Il m'a dit comme toi : bienvenue.
Puisque mes mains sont pleines de tes doigts,
Tes dix doigts de roi
Dont les pouvoirs
Sont au service de l'espoir,
Et moi, je raconterai ton histoire,
Tes batailles, toutes tes gloires
Que je vois briller tous les soirs.
Tu es l'amour de la divinité,
La joie de la liberté.
Le soleil allumé dans mes yeux,

Et je ferai tout pour te rendre heureux
Tu es l'être qui fait mes rêves bleus.

Mon amie la licorne vole auprès de toi
Et dirige tes pas,
Vers le summum permanent de mon amour,
Je suis éperdue d'amour pour tes jours,
Et tu m'apprends chaque nuit,
À respecter toutes ces vies,
Tu prends le relais après mon père,
De là où il est, il espère beaucoup, il espère
Simplement, que tu sauras reconnaître mes couleurs
Pour me différencier des autres fleurs.
Quand tu auras besoin de moi,
Je le sentirai tout droit dans cet endroit,
Caché,
Harmonisé
Avec tes idées.
Je suis là, pour toi à n'importe quelle heure :
Du soleil, le bonheur.
Tu sais, je te sens
Tout le temps,
Et quand mes mots s'arrêtent la nuit,
Il peut m'arriver de te protéger, toi : endormi.
Puisque le matin te conduit à des victoires,
Et à de très doux soirs.

Pour toi, je réunis les plus beaux chants,
Et je souffle sur le vent,
Pour qu'ils aillent au plus profond de toi.
Mon amour pour toi, est ce que j'ai de plus précieux,
La porte de mon âme te veut … heureux.
C'est la porte de l'oiseau caché en moi,
Qui vient te chanter la chanson des étoiles, et de la terre.
N'aimer que l'homme qui m'a offert,
Non la connaissance,
Mais la confiance
En ma poésie,
Puisque c'est la seule force de ma vie
Qui me répète inlassablement qu'il ne faut jamais que je t'oublie
Frissonnante sous le vent de mon désir d'être,
À nouveau près de toi,
Pour que je t'ouvre ma porte, ce jour là.
Te respecter, te connaître,
Un peu plus, toi et l'étoile qui te suit.
Un oiseau qui veut connaître ta vie,
Pour te chanter, le mot justice et liberté.
Et oublier le brouillard du passé.
Je suis la mère de cet oiseau,
Plus doux et qui vit en bas et en haut.
Et c'est dans l'harmonie la plus douce
Qu'il te prête ses ailes, regarde elles poussent
Tu pourras voler dans mon cœur,

Et en même temps remplacer ma peur,
Par tous tes baisers du bonheur.
Ma bouche ne s'ouvre que devant toi,
Il y a les mots que les gens n'écoutent pas,
Ne comprennent pas,
Et les mots qui t'embrassent de mes matins à mes soirs,
Et toutes ces journées tissent le conte de mon histoire,
Un jour pour mon anniversaire,
J'ai reçu un être extraordinaire :
Une licorne, elle m' a tout de suite parlé de toi.
Elle m'a parlé des larmes d'amour pour toi,
Puis m'a rassurée en me disant qu'elles soignaient aussi ton cœur
Et que le bonheur
Est et sera toujours un mystère.
La connaissance première,
Est suggérée aux psalmistes, aux poètes,
Et visionnée par les prophètes
D'Ézéchiel à Jésus à Mahomet,
Et les religions qui se prêtent
Au polythéisme,
Ou à l'animisme.

J'ai écouté attentivement la voix d'Achem jusqu'à ta venue
Et je t'ai vu …
La plus belle vision de ma vie passée, présente et future,
Pas seulement parce que tu es beau, mais pour ta nature,

D'Homme en qui l'on peut croire
C'est le début de notre histoire
Nous nous aimons par la licorne et sa bonté
Elle nous a parlé de cette beauté
Ce sacre du saint Graal,
Qui sauve les vies jusqu'aux mondes des étoiles,
Et qui protège le cœur des chevaliers valeureux,
La licorne sait si bien parler aux étoiles,
Ton armure et ton épée viennent des cieux,
Tu seras le plus heureux
Car tu es sincèrement amoureux,
D'une vie que tu as construite
Et dans laquelle tu invites,
Ton amour, dont le cœur bat,
À quelques pas de toi
La licorne dit toujours merci, car grace à elle rien n'est fatal.
Elle t'envoie une étoile,
Pour embrasser ton cœur quand le temps stagne, devient irréel
Et la terre, veut bien vivre en compagnie du ciel,
Qui lui envoie des forces et un espoir si bel.
Il y a des puissances divines dont je n'ose prononcer le nom
Alors je m'endors avec ton prénom,
Et c'est la porte de la nuit pleine de sérénité.
J'ai toujours peur de blasphêmer
Ou de te perdre sans t'avoir aimé,
Juifs et chrétiens finiront bien par fusionner …

Dans un temps qui s'apparente à la réalité.

Un temps où je rêve d'être avec toi dans la forêt
Juste pour saluer
Dagda qui gouverne, sachant bien
Qu'il n'est qu'un dieu païen.
Dans la forêt du Saint-Graal, il y a plusieurs talismans,
Échus depuis le début des temps
Dagda en est le gardien
Mais pas le souverain
Il obéit,
À ce que Dieu lui demande pour le prolongement de la vie :
Il dirige une harpe et pose dans une grotte, un chaudron,
Pour symboliser le prénom
De l'être fabuleux qui veille à ce que rien ne soit dispersé
Le chaudron est la signature de trois sources du ciel à la forêt :
La souveraineté, des forces protectrices,
Là où se promène un enfant, un fils
Qui écoute tous les oiseaux,
Tous les ruisseaux ;
Et qui veut apprendre à leur parler
Pour aimer ce que signifie la beauté
Et la proposer à la lumière
En m'inclinant à la prière
Pour que ton amour soit semblable au mien,
La souveraineté d'un cosmos terrien,

Ce matin, à mon réveil,
J'ai vu ce qui est pour mon amie, une merveille,
Mais je te le dis,
Il n'y a que toi qui remplisse ma vie.
Toi
Intemporel roi,
Depuis mon premier matin,
Tu es mon souverain,
Tu es celui qui demande à l'étoile sacrée
Que je continue à protéger les fées,
Pour la souveraineté
Des enfants du monde entier.
J'y crois,
Alors pourquoi pas toi ?
La grotte dans laquelle est cachée le chaudron
Est surveillée par deux dragons,
Ainsi l'accès en est soit interdit,
Soit un abri.
Mais le dragon ne tue pas,
Il éloigne tout simplement,
Il rend aux vents, ce qui est aux vents ;
Ou, il ouvre le chemin tout droit,
Vers le cœur de la grotte de la montagne du nord
Écoute, regarde encore
La vie qui galope, partout va Merlin sur la licorne bleue,
Il a vu dans nos yeux,

Un amour libre, plein de ce soleil qui rend heureux,
Il a vu dans nos yeux,
Bien plus encore :
Il a vu nos deux corps
Enlacés sur un tapis de fleurs,
Joyeuses, de toutes les couleurs ;
Et il est passé,
Sans nous regarder
Car l'émeraude que tu portes à ton doigt
Lui délivre le respect des rois.
Merlin est un enchanteur
Et il multiplie les fleurs
À la douceur de notre union.
Sublime et douce de passion.
La caresse de ta peau,
Le murmure de tes mots,
La tendresse de notre émerveillement
Devant ce grand bonheur d'être un jour amants.
Le temps s'arrête à cet instant là,
Cet instant où tu entres en moi
Et donne naissance,
Au deuxième symbole :
L'abondance.
Je rêve de tes paroles,
Je rêve du silence parfait,
Dans lequel bientôt, tu commenceras à régner.

Et que tu ramèneras l'arche à Jérusalem,
Et qu'à chacune de tes foulées, tu parleras à Achem,
Tu lui diras sans doute que tu es heureux et que tu aimes,
Obéir à la lumière
Et avoir trouvé ton sanctuaire,
En mon intérieur de ton intérieur.
Nous nous aimons totalement
Tout le temps,
Même si l'espace-temps cherche à se placer entre nous …
Pour nous le monde est doux,
Je te sens,
À l'autre bout de l'océan.
Un océan du galop,
De tes chevaux,
Et c'est moi, à mon tour qui marche sur la plage,
Pour écouter la voix des sages,
Et te suivre sans poser de questions dans la course des nuages
Qui danse devant tout ce courage
De voire relever les défis,
Pour notre vie,
Et celle de nos amis.
Chacun de tes mots sera abondance,
Le moindre de tes mots, le moindre de tes soupirs
Sera entendu dans le nouveau monde sans violence
Tout ce qui sortira de ta bouche sera un empire,
Et en m'embrassant tu donneras à mon rire,

La force du son qui visite toutes les galaxies,
En m'embrassant tu nous donneras les fleurs les plus jolies,
En abondance et en fragilité,
Car il faudra nous apprendre à voler.
La licorne se laissera chevaucher
Puis nous posera aux bords des portes oubliées,
Et main dans la main,
Nous fendrons l'air, sans déplacer les anges satins.
Qui s'amusent et s'endorment pleins de pensées gaies,
Puisqu'eux aussi nous voient nous aimer,
Avec la force de la colombe, devenue, amie du lion.
Lorsque la pureté s'allie à la force, le monde n'est plus une prison
Il devient la finalité de ce que D. attendait dans sa création,
Je suis et je serai là
Toujours plus près de toi.
Chaque jour, je vois notre amour grandir,
Et parler à l'acacia, le langage du debir
Aux côtés d'Hyram de Tyr.
Apprendre comment s'ouvrent les portes sacrées,
De tous les temps, de toutes les contrées.
La seule clé ressemble à ce que tu me dis chaque jour,
Ce que tu me dis ressemble à l'amour,
Mais au pays de ma clef,
Le mot amour n'est pas suffisant.
Ton prénom est le plus beau cadeau de tous les temps
Je n'ai jamais rien connu de plus beau,

Tu es le mot
Comme une synthèse de tout ce qui vient du cœur,
Désir, pudeur, courage, ardeur.
Les portes oubliées des chevaliers de l'ancienne table ronde
S'entrouvriront pour s'infiltrer dans le nouveau monde,
Perceval, Galaad, Lancelot du lac, et ton ami le roi Arthur,
Lequel retrouvera la clef du murmure ?
Que l'oiseau de mon cœur a posé sur le mur.
Il n'y a qu'un mur dans l'éternité,
Qui ne s'effondrera jamais,
Celui qui sépare l'étoile du jour à l'étoile de la nuit
Pourquoi Arthur a-t'il fait plonger ses portes dans l'oubli ?
Quelle magicienne l'a ennivré ?
Par quelle abondance de prières,
Arthur t'a demandé de ne plus faire la guerre,
Mais tout simplement de régner dans le monde de l'étoile ?,
Un monde où personne ne se fait de mal
Le secret ..., même Merlin se tait,
Et pourtant, il sait,
Il sait tout depuis le début
Il a vu les étoiles nues,
Il m'a parlé de toi
Et j'ai senti en moi,
Un appel, j'entends la voix
De l'amour immense qui vient de toi,
Puisque c'est avec les étoiles que tu parles de moi.

C'est dans le baiser d'amour que tu m'offriras
Qu'il se découvrira,
Et pénétrera,
Le cœur de ma vie,
Les portes de l'oubli,
S'ouvrent après bien des années, des siècles à tes deux mains.
Pour toucher mes mains et chanter dans le matin.
La magicienne était amoureuse
Mais elle ne pouvait être heureuse
Et triste de ne pas appartenir au même monde que le roi,
Le roi aime les êtres qui ne fabulent pas.
Je ne sais qu'une chose, avant d'être aux sommets des lois,
Tu étais prince, et tu laissais tomber sur le sol des roses
Et des fleurs nouvellement écloses …
La loi par excellence,
Comme une expression de la volonté divine,
Admirons cette transcendance,
Transmise par l'Écriture, à la Bible, ses origines :
Le pentateuque, les cinqs premiers livres
Du grec penta : cinq et teuchos : fabriquer, faire, former : vivre.
Ces livres tout le monde les connaît à travers une mémoire,
De la plus belle histoire
Qui ne se résume pas,
Mais qui s'entend dans l'horizon, lorsqu'il fait ses premiers pas.
Ni dans le sens, ni dans la fin,
Qui se porte par la bouche ou par ta main :

Tu es mon premier et mon dernier instant de vie,
La beauté de l'infini.
Juste savoir qu'Achem a tout conçu dans la force de ses bras,
L'univers est l'enfant que D. n'abandonnera jamais.
Car les enfants sont vérité,
Et dans son immense bonté, il laissera
D'autres systèmes de vie, puisqu'ils chercheront des lois,
Et que ces lois sont les lois de l'être aimant
Et puissant.
Dans l'imagination de l'amour,
Dans la création de l'amour,
Dans la conception de l'amour,
Dans le respect de l'amour.
Et ce qu'il y a de plus surprenant
C'est qu'il donna à ses enfants :
L'imagination, la liberté des rêves, jour et nuit,
La vie,
Ne s'arrête jamais.
C'est pourquoi l'Homme crée
Et laisse l'homme avec sa femme concevoir des rayonnements
Du plaisir, un enfant
Dans le respect.
Chaque fois qu'un homme et une femme s'unissent
Quelque part un enfant apparaît lentement,
Peu importe fille ou fils.
C'est pourquoi il est bon de "faire" l'amour,

Nous, humains pleins de vie et de lumière du jour,
Espérons aimer, être aimés du premier instant
Au suivant.
Contenter le désir,
S'offrir son plaisir,
Et la joie incommensurable de tous les instants de jouissance,
Jusqu'à l'instant où ton esprit, ton corps m'ont rempli de vie,
Jusqu'à l'orgasme, parfois j'y pense
Et j'entre dans un monde de fleurs et de rêves évanouis,
Alors pour me ranimer, tu chantes,
Et je me réveille en remerciant d'avoir connu la tente,
Du plus grand roi, le roi poète
Qui ensemence d'amour toutes les planètes,
Qui sait oublier quelques instants les guerres.
Quand il prend une fleur de femme dans ses mains,
Il y aura autant de matins,
Qu'il y aura de tes regards,
Tu es l'Homme de mon espoir.
Laisse-moi danser encore dans les champs de fleurs,
Pour que tu admires ce que tu as créé avec ton cœur.
Nous nous apprenons à vivre,
Pour toi j'écris des onguents qui délivrent
De la folie.
Retrouver la raison : comprendre ce qui est écrit.
Et protéger les enfants qui ont tous une part de génie,
Je les aime pour la vie.

Mais il y a la princesse des guerres
Alors, elle créa un monde intermédiaire
Heureusement, par la superbe de ta présence,
Elle est totalement innofensive,
Et nous n'avons pas besoin d'être sur la défensive.
Tu nous fais grandir dans un monde sans vengeance.
Un monde dans lequel certains élus peuvent aimer la lumière.
Un monde où quelques hommes veulent être frères.
Où le Graal illumine encore le cœur des êtres,
Où l'arche empêche notre terre de disparaître.
Seul le roi David, peut sauver l'arche d'alliance,
Et c'est ce qu'il fait toute sa vie avec patience et intelligence.
Dieu est heureux de ce roi.
Où qu'il soit, quoi qu'il fasse, il l'accompagnera.
Ne sois pas mélancolique, je chante avec toi.
Le monde du matin
Résumé dans la richesse de ton jardin,
Un matin ni entre le jour, ni entre la nuit,
Un matin où la fée, donna l'immortalité au roi, notre ami.
Elle avait volé mon miroir
Et avait laissé croire
Que c'était elle qui t'avait donné cette félicité éternelle,
Mais c'était moi qui t'avais posé des ailes
Pour ne te perdre jamais,
Le secret c'est que je suis amoureuse,
De toi, sans savoir comment cela s'est alchimisé,

Le secret c'est pourquoi je suis heureuse
Quand j'ai faim, froid,
Je ne sais pas …
C'est quand mon esprit s'évade, que je pense à toi …
Tu connais mes moments de présence,
Et quand j'ai besoin de ma source, et que je suis dans l'absence,
C'est cela aussi une femme.
La première conscience de ton âme ;
T'embrasser dans la lumière du jour …
Pour graver ton nom au sommet de l'existence,
Près de la grotte de Nébro, l'immense.
Mais qui connaît les pouvoirs de l'amour ?
Quelqu'un qui est né un jour dans le passé
Près du joli coffret,
Que l'océan a posé sur tes pieds
Et qui a créé le plus beau rêve du monde : l'amour, la dignité.
Ce qui est fabuleux, c'est que ce rêve divin
A trouvé nos chemins
Par la seule force de l'homme amoureux,
Et je me lève, et tu es là dans mes yeux
Tu deviens ma plus belle réalité
Qui n'a pas rêvé de connaître une passion ?
D'aimer un être, de l'admirer, de le glorifier
Et avoir raison
D'espérer en renaître, dans une résurrection,
Puisque je fermerai mes yeux

Pour mieux rêver à deux,
En pensant, en sentant ton sentiment heureux
D'avoir partagé quelques mondes dans le creux,
De tout ce que tu auras découvert de la terre
L'espace entier d'amour des mers
Avec moi, comme fleur
Intérieure :
Je capte la lumière pour d'abord te la donner,
Ensuite pour grandir jusqu'au quai,
Du port de l'existence,
Tu es ma substance,
Mon évanescence.
Je vis pour toi
Et je refleurirai au bout de tes doigts.
Car tu as pris mon corps
Et mon désir a grandi encore,
Tu es le seul homme avec qui je veux me retrouver
En plein amour, en pleine liberté.
Et tu l'as immergé dans le chaudron
De la résurrection.

Un certain jour, alors que nous croirons n'être plus
Nous nous retrouverons nus
L'un devant l'autre, totalement émus,
Et le ciel nous couvrira de ses chansons …
Venus de notre amour porté par l'horizon.

Nous nous retrouverons,
Et nous verrons
Le plat creux,
Qui éloigne le feu,
Qui donne vie,
Et rend invincible, je renaîtrai femme dans ta vie,
Et tu redeviendras roi dans la vie.
Mais nous irons plus loin,
Le Graal est à la croisée du chemin,
Nous survolerons la forêt
Je serai tes ailes,
Ton âme est si belle,
Que je ne peux que t'admirer,
Tu seras la contrée
Qui nous accueillera,
Je vivrai en refleurissant dans tes bras
Mes pieds suivront ta trace océane invisible,
Et je nagerai au sommet de chaque vague irrésistible,
Car tu es une authentique splendeur,
Une étoile qui donne au soleil ce qu'elle a de meilleur.
La lumière de ton cœur,
La beauté de ton visage,
Ta force d'homme sage,
Me font rêver de danser,
Au rythme de toutes tes pensées.
Je sens pour toi, les plus grands succès,

Et tu seras le roi le plus aimé :
Ta richesse pour l'amour et la vie des anges sans noms ?
Tu attends chaque jour des révélations
De celui qui t'a fait aussi roi prophète
Tu comprends le vent heureux des comètes
Parfois je m'envole dans leur traîne,
Et j'obéis à ton nom, pour que tu vives sans peine.
Ton intelligence perdurera dans le temps,
Et encore bien au-delà.
Simplement parce que je crois très fort en toi …
Et si je danse
À la cadence,
D'un cheval au galop,
Ce n'est pas parce que tu es beau,
C'est parce que je t'aime, dans ma chair divine,
Et que j'ai reconnu d'emblée ton origine.
Aux sons de ta voix,
De tes pas,
Dans le ciel de fleurs,
Qui suis-je pour aimer un Seigneur ?
Je ne sais pas,
Je ne connais que toi,
Tu es devenu l'arbre des dix paroles, du décalogue
Et dans mon être, tu vogues.
Et je suis la propriété de la vie,
Et je rallonge tes jours dès que tu me souris,

Et je te vois rire, plein de gaieté,
Quand une vie a été sauvée.
Parce que tu l'as regardée
Avec les yeux de ton éternité,
Tu passes,
Et la vie se déplace,
Dans le monde de la vérité.
Nous nous sommes regardés,
Nous nous sommes aimés.
Les pensées ne meurent jamais
Et comme Moïse, Mahommet les paroles du Christ seront blé,
Mais je me souviens de t'avoir déjà parlé,
De ces champs de lumière,
Où la licorne laisse sa crinière
Flotter gaiement du vent à tes mains,
Pour se rapprocher de ce destin
Où je rêve de toucher tes mains, caresser tes yeux,
Faire de toi le plus heureux
Des printemps.
Promis par tous les vents,
Où j'entends la voie de mon enfance.
Mon père et ma mère qui dansent.
J'ai respiré le soleil,
J'ai admiré les merveilles.
Je n'ai souffert
Que d'avoir un cœur à découvert.

Tu m'apprends à aimer toutes les saisons,
Et nous nous aimons en chansons.
Ensemble, nous regardons le même horizon
Qui devient présent
Comme le sable du fond des océans.
Un jour nous aurons dix mille ans,
Et nous aurons parfumé tous les printemps.
J'aime ta senteur,
L'écume que tu laisses flotter au clair du plus clair bonheur
Le désir charnel est bon et sain
Même les animaux se font des câlins.
Il y a des préliminaires à l'accouplement
Parfois, il suffit d'un regard brillant.
Il donne vie et une immense joie,
S'il vient de toi.

Je m'endors et je te vois dormir,
Dans un lit chaud, doux comme la laine du lama,
Et le ciel n'a plus d'autres extrêmités que toi …
Puissant d'anges et de leurs sourires,
Et chaque nuit,
Tu me parles de ces vies,
Vécues dans le respect du Dieu qui nous unit
Et dans la résurrection qu'il nous a promis,
Je veux être les guirlandes de couleurs,
Qui t'aideront à avancer sur le chemin du bonheur,

Et qui de fleurs en fleurs
Attacheront ton cœur
À l'éternité,
Notre éternité.
Je t'en supplie ne m'abandonne jamais,
J'ai découvert en toi, un homme d'une bonté
Dont le monde a besoin pour se redresser,
Pour renforcer les quatre colonnes de l'humanité,
Ce temple où D. vient rire et pleurer.
Mais au pays de Dagda, d'autres talismans nous protègent
Notre éternité devient aussi tenace que la neige,
Et lumineuse comme ton soleil d'été,
Tu es chaud, protecteur et D. t'a offert une épée.
Pourtant tu n'as rien demandé,
Un matin, tu t'es levé,
Et tu l'as trouvé sous tes pieds.
Alors tu lui as donné le nom d'une femme étrange,
Qui t'aime plus que tout au monde, plus que les anges.
Mais elle,
Ne sait pas comment elle s'appelle,
Lui diras-tu ?
L'aimeras-tu
Aussi longtemps que dure ta vie ?
C'est-à-dire l'emporteras-tu dans ton infini ?
Ne sens-tu pas tout cet amour qui parfois s'accélère, puis ralentit
J'ai dans mon cœur, un oiseau qui te chante

Des remerciements pour ma vie que tu enchantes.
Mais j'ai besoin de savoir si tu entends ma voix,
Si l'amour dans ta vie ressemble à ce que j'ai en moi,
Pour toi ...

Je suis une forêt,
Je suis une fleur imaginée,
Dont les sentiments humains sont vrais
... Que la nuit mystérieuse purifie nos péchés
Et prions l'Éternel de ne jamais nous séparer
Tu es le seul qui saches me protéger,
Moi, et aussi cette forêt,
Où vivent plein d'êtres colorés,
Dans la gaieté de notre amour qui chaque instant naît
Qui joue dans la lumière avec le langage des fées.
Amis du dieu païen Dagda,
Une roue tournera,
Par la volonté de la joie,
Une puissance cosmique,
Un sourire amoureux d'une fleur,
Qui s'envole dans la forêt, dans sa mer intérieure.
La géographie de la forêt,
Est le secret du petit lutin argenté.
Où les âmes libres se parlent en chants magiques,
Pour soulever les forces cosmiques.
... Qui sont invisibles devant certaines forces de la nuit,

La roue tourne, elle te dit écoute la vie
Mais si tu n'as pas la force de glorifier l'amour et l'existence
Que délibérément tu ne le veux pas,
Alors la roue te punira :
Ou à l'inverse t'accordera la délivrance.
Tu as le choix, à chaque parcelle de temps,
Le meilleur temps c'est l'autonomie de l'instant,
À toi de l'écouter, près de moi en dormant.
Décider de comprendre d'où vient le vent,
N'est-ce pas là une apparition de la liberté ?
Le summum de la liberté,
C'est d'apparaître dans tes pensées
Avec mes clefs,
Avec mes rêves de baisers,
Je veux ouvrir toutes les zones de ton esprit,
À la lumière,
Et t'aimer loin du lac interdit,
Alors je plante à l'infini
Des fleurs qui connaissent ta prière.
C'est dans ce lac que se trouve la roue,
La roue qui peut rendre fou.
Si elle tourne sans toi,
J'ai tellement de joie
Et de remerciements à t'adresser,
Je voudrais que tu me pardonnes
Si parfois je n'ai pas la force de ces reines d'été,

Je t'envoie mes caresses bonnes.
Et je deviens ton continent,
Et tu chevauches mes vents.
Le plaisir, l'infini,
Se joignent dans notre paradis.
Où je ne pense qu'à t'aimer,
Et à te chanter.
Parce que tu es la pluie qui ne mouille pas,
Le soleil qui ne brûle pas.
Tu es la vie dans ce qu'elle a de plus beau,
Je ne trouve pas toujours les mots,
Les sensations divines parfois appellent le silence,
Pour calmer ses exigences.
Mais j'ai envie de te chanter
Puisque nous nous sommes encore aimés,
Et ce chant n'est que pour toi, mon amour.
Et l'océan était beau, bon, puissant comme le jour.
Cet océan, c'est toi,
Le ciel, c'est toi.
Je n'oublierai pas,
Ton plaisir,
Ton sourire,
Et ton souffle que j'entendais,
J'ai osé approcher ta royauté.
Une femme et un roi,
Toi et moi :

Ta couronne posée sur ma robe
Les anges de l'amour qui pour nous dérobent,
Le temps,
Dans une vague nocturne tissée par le vent ;
Et cette nuit sera inscrite dans mon âme
Et je m'en souviendrai, tant qu'il y aura en moi la flamme
De ton amour.
Tu sais, je ne mourrai pas d'amour,
Je vivrai dans l'éternité de ta puissance
Nous sommes liés par la contenance
D'une force, d'une douceur, posées dans le cœur de notre avenir.
Oui, nous verrons les royaumes futurs et passés,
Le temps est totalement dilaté.
Au royaume des étoiles, le soleil envoie toutes les pensées,
Que tu poses sur moi
Depuis toi,
Dans tes voyages intergalactiques,
Partout tu es roi, roi magnifique :
Tu ne fais pas pleurer,
Tu ne fais qu'aimer,
Et je sais que tu peux affronter,
Les forces les plus terribles,
Par le Graal et l'arche invincibles,
Pour sauver tes trésors,
Qui ne sont que les regards d'or ;
Que D. pose dans ta vie,

Tu es destiné à sauver toutes les fleurs,
À chanter de bon cœur,
Blottie au chaud dans le corps de ma poésie.
Salomon le saint a-t'il aimé autant que toi ?
Il te doit la vie ...
C'est toi qui lui as transmis tout cet amour et la poésie,
Je t'aime et pour toi, je réunirai tous les parchemins,
Que l'Éternel a posé entre tes mains,
Je m'envole dans ta tente, où le peuple ne pénètre pas
Pour veiller à la sauvegarde des lois,
J'aime profondément la terre où tu vis,
Parce que la lumière du soleil se réfléchit,
Sur tous les murs, et m'a tendu la main
Pour t'aimer jusqu'au matin.
Et mon roi se lève, courageux,
Encore heureux, et c'est la poésie d'amour qui se lève,
Je fais surgir du néant des remparts pour tous tes rêves,
Je veux que ton existence, encore une fois, soit un bonheur
Parce que tu donnes tous les jours le meilleur
Devant tes pas s'ouvrent les fleurs.
S'ouvrent les cœurs,
Qui deviennent bleus,
Comme le firmament glorieux,
Où j'ai chanté ma joie,
Et choisi désormais de ne m'ouvrir qu'à toi
Tu as cette douceur des plages du sud,

Cette floraison qui prend l'habitude,
De te saluer
Avec respect.
Sur ton passage les arbres se penchent sur ta source,
Puisque tu portes attachée à ton armure, la force de vie,
Depuis ton séjour au paradis.
Et tu admires durant tes courses,
Toute végétation précieuse :
Dans un univers accueillant, où je pense à toi heureuse,
Tes régions préférées sont protégées,
Tu ne t'égares jamais,
Tu retrouves tes amis,
Et finalement
Tu établis un campement
Entouré d'arbres lourds de fruits.
Des fruits mystérieux qui mènent quelquefois l'amour à la folie.
Quand le soir descend et que tu me rejoins, je t'ouvre mes bras,
Et tu m'offres l'amande qui m'a projetée en toi,
Parce que ce jour là, tu as pris ma main,
Et que c'est la musique d'amour qui nous a rejoint.
Si tu savais,
Depuis ce jour je rêve de t'embrasser,
Et de te voir toujours gagner
Le bonheur que tu m'as donné ce jour là
Ne se mesure pas.
J'ai senti ton besoin de vivre un nouvel amour

Et comme je suis faite pour t'aimer
J'ai décidé d'éclairer tes nuits de mes jours,
Une simple amande, le jour de la fête de la musique
Tu me l'as donné comme dans un rêve magique,
Les plus beaux cadeaux d'engagement dans la vie,
Vers le rapprochement du jour et de nos nuits :
La vérité.
Le trésor, la source toujours cachée,
Une seule larme de toi,
Et tout ce que je suis se révolte pour que tu retrouves la joie.
Comment as-tu compris
Toi aussi
Que je rejette de mon espace, le mensonge ?
Tu es la respiration vitale de mes songes.
La vague rosée de soleil qui éloigne la douleur,
Toute ma vie, je serai pour toi un refuge de douceur,
Quelle que soit ta souffrance,
Je panse.
Puisque j'ai frôlé la folie,
J'ai connu des univers intro et extra-vertis.
Je peux maintenant sentir
Arriver les vagues de délires …
Quand tu ne comprends pas,
Et pour un génie, il faut parfois
Passer des années à t'écouter
Une multiplicité de vies entières à t'aimer.

À t'envoyer des baisers
Des dodeikha
Là où l'amour nous guidera
Et qui ne s'arrête jamais
Pour toi, j'irai chercher la lumière,
Je ferai chanter les rivières
Les fées se joindront à nos prières
Pour sauver en un seul jour la terre.
Six jours de création,
Un jour infini pour sa protection.
Et c'est vrai qu'il faut comprendre
Et entreprendre.
Je ne suis pas médecin, je ne suis pas médium,
Mais j'aime éperdument un homme,
Et cet homme c'est toi,
Le summum
De la force pour toi, et les autres hommes,
Mais le sommet de mon amour n'est que pour toi.
Je suis sur le point optimal de ton arc-en-ciel,
Et je te relève fidèle
À ton désir de vivre une légende,
Si un jour tu touches le sol,
Et Cupidon et Aphrodite ensemble, tendent
Leurs arcs vers le destin où ils m'ont appris les paroles,
Pour que tu m'entendes bien,
Et surtout que cela te fasse toujours sourire sur tes chemins.

La vie t'emportera,
Où tu voudras,
Et le monde tu le découvriras,
Et je te l'avoue je souhaite que tu le vois
Quelquefois,
Dans le fond de mes yeux.
Comme un avœu,
Oui ton futur sera ensoleillé
Et toujours tu me verras voler,
Autour de toi
Des mots d'amour pour chacun de tes doigts,
Ainsi tout ce que tu touches, tu posséderas.
Combien de temps vais-je résister ?

C'est quoi la folie ?
C'est ne plus entendre le souffle de ta vie,
Ou n'entendre que lui.
Laisser les fleurs d'amour, sans les sentir,
Vivre sans imaginer notre avenir
Sans savoir que certains êtres sont capables de mourir
Par amour pour les hommes.
L'univers entier en somme.
Si je te perds, je serai perdue
Mon âme retomberait en esclavage nue
Pure, mais seule, tu es la trace que je chante
Tu es mon rêve qui enchante,

Mes moments où je rêve de te toucher,
Te caresser, t'embrasser, te border
Mais mon être qui est devenu confiant,
Puisqu'il sent, comprend et toujours en te regardant,
Toi, l'étoile que j'ai choisi
Parce que tu m'as choisie
C'est cette vie là,
Que la roue n'atteindra pas.

Elle rend sourd, celui qui l'entend
Et ne laisse plus entendre les chants,
Aveugle, celui qui la voit
Si tu n'oses plus faire un pas,
Du côté où le Graal repose dans les mains d'une vierge,
Elle voit dans la nuit sans cierges.
Il faut qu'un roi la protège
Des sortilèges.
Il y a dans la forêt quelques sorcières venues du lointain celtique,
Il n'y a que toi qui peut rendre l'issue du combat magique,
Tu sais fuir les lasers de leurs regards,
Un regard qui vient de derrière le monde connu,
Ce monde est cependant couvert par les nues.
Que la licorne aperçoit certains soirs
Et instaure dans ton inconscient.
Ton esprit est si pur, que la licorne bleue
Respire juste en regardant tes yeux.

Où elle fait vibrer un océan,
Qui passe du monde connu au monde inconnu
Cet océan t'aime,
Cet océan nous aime,
Il sanctifie notre amour
Jour après jour,
Nuit après nuit.
Je souhaite être ta force lorsque tu combats,
Maintenant tu m'emmènes avec toi
Parce que j'ai épousé la vie
Et toi, dans mes rêves chaque nuit,
C'est un amour plus fort que le simple désir
Un cadeau de l'éternité pour être près de toi sans mourir,
Je veux vivre dès que le soleil recommence à rire,
Au sein de mon univers, que ton amour a peuplé,
D'anges et de vérité.
Tu es le roi de la force unifiée,
Tu es l'invention de ma lumière étoilée,
L'amour porté au plus haut degré,
Que D. nous a donné
Et que nous avons accepté,
Dans la joie, l'émotion.
Tu deviens la vague de raison,
Dans mon cœur,
Mon plus grand bonheur,
Qui attendrit n'importe quel être

Au cœur de pierre et du paraître
Par ton corps, tu propages la lumière,
Par ton esprit tu planes sur un monde sans guerre,
Un monde où l'Homme aura compris le sens du livre de l'Exode,
Et ne tuera plus, même la bête qui rôde.
La vie, chante et cela suffit
À animer les étoiles de la force.
Chaque étoile t'obéit,
T'aime et te sourit,
Tu es ma peau, mon écorce.
Le miracle de l'amour réuni
Vers ce projet qu'on appelle vie,
Devant lequel les cavaliers de la mort,
S'écroulent, en demandant pardon,
Alors les sorcières repartiront
Sans même concevoir,
L'or,
La sainteté de certains corps
Du Graal qui porte en lui toute l'histoire
De l'amour du monde.
Secondes après secondes.
Où l'air caresse ton corps,
Pour te faire avancer encore et encore.
Puisque ton intelligence guide les chevaliers.
Parce que tu as le sens du sacré.
Parfois je me dis que les mots des fées

Ont autant de pouvoir que ton épée,
Elles chuchotent dans le creux des arbres où tu reprends courage
Je suis leur amie et elles me laissent caresser leurs visages
Ton épée est l'incarnation de ta puissance,
De ta finesse, de ta subtilité, de ton intelligence
Et l'arbre où je me tiens entend battre mon cœur
Et toi, dans cette demeure.
Tu te ressources dans mon amour, qui va
Exactement là où tu vas.
C'est le rendez-vous des étoiles à chaque instant.
Parfois tu te fais comète dans le vent,
Et je suis la traîne de lumière qui ne t'abandonnera jamais,
Je préfère mourir que t'oublier.
Tu es mon chemin d'énergie,
Les oiseaux qui me disent oui,
Tu as le droit d'aimer cet homme
Mais j'adore cet homme
Et cet homme c'est toi,
Encore une fois,
Et pour une infinité de fois,
Je veux vivre près de toi,
Et t'aider à prendre tes envols de roi,
Dans l'amour et le vent,
Je veux te donner tant !
La rose aux treize pétales,
Qu'elle prospère dans un temps intégral.

L'être qui sublime tout mon idéal
Tu m'as inventée d'amour,
Je suis une femme qui t'aime pour toujours.

Et je n'ai pas peur de la massue de Dagda
Car dans tous les mondes, je suis dans tes bras,
C'est ton amour qui me donne le pouvoir
D'éloigner les mauvaises histoires.
Avec la pensée de ta pensée,
J'oscille entre le rêve et la réalité,
Entre le bleu et le blanc,
Entre la femme et l'enfant, les deux souriants
Le drapeau des plages les plus belles,
Qui deviennent le rivage de l'existentiel
Que j'imagine fort
Et qui parle toujours de liberté et encore,
De toi, protégé des sombres galaxies,
Puisque tu es un enfant du paradis
Inaccessible à l'étrangeté
Des marais,
Flottants
Où se cache le serpent.
Je cherche la porte fleurie,
De couleurs, d'odeurs, de vie …
La vie,
Qui chante et propose son armure venue du ciel,

Et nous apprend à distinguer le réel de l'irréel.
Où nous serons heureux, et nous couvrirons nos corps,
De toutes les étoiles que nous portons
Chaque fois que nous prononçons nos prénoms :
Le ciel étincelle
Et le vol de l'hirondelle.
Non je ne mourrai pas,
Dagda n'a aucun pouvoir sur moi …
Ses serviteurs portent dans des rondes païennes
Une massue tellement lourde qu'ils doivent être des centaines
À la porter
Et ils sont fiers d'avoir le choix de tuer
Ou de ressusciter.
Nous ne sommes ni coupables, ni victorieux
Et nous avons le droit d'être heureux.
Laisse-moi te prouver,
Que les roses ont toujours existé
Et ne mourront jamais.
Nous pouvons marcher dans le sillon du ciel et du sol
Qui crée la frontière de paroles,
Pour ceux qui ne savent plus aimer,
Ceux qui connaissent l'amour connaissent une terre illimitée
Les mots leur disent merci,
Car ils sont prononcés par des bouches qui sourient.
Je ne mens pas,
Mais je ne me tairai pas,

Si quelqu'un veut te jeter hors de la vallée de la vie.
Dans ce vallon, il y a des enfants qui rient,
Et qui jouent dans la forêt,
Pour courir avec les biches enchantées.
Je t'aime autant que la vie se balade et sourit
Aux commandements divins
Dieu préfère une prière souriante dans le matin,
Plutôt qu'un obéissement dicté par la peur,
C'est au moment de l'éveil, de choisir le bonheur.
Ubakharta bakhaim dit l'écriture
Disent les grands esprits, comme une douce litanie, un murmure
"Tu choisiras la vie"
Et tu m'as promis,
De vivre toujours mieux :
Auprès du sourire de Dieu.
Plus moralement,
Plus humainement.
Qu'Éliezer Wiesel et les autres soient en paix,
Et faisons tout, pour que le pire ne recommence jamais !
Nous devons nous aimer et réagir,
Pour que l'humanité connaisse enfin un bel avenir.
Dieu nous a créé dans un désir de perfection,
Nous sommes les réponses à ses questions,
Il sait qu'un jour nous serons,
Dignes d'une terre qui permet de tout imaginer
Et qui laisse les rêves préserver

L'univers des humains,
Des êtres qui s'embrassent et se tiennent la main
Le jour, la nuit, le matin.
En respectant la coupe de la souveraineté
Aimer sans fierté,
Avec la simplicité,
D'un tout premier baiser.
Dans l'un de nos royaumes,
Parmi les licornes, les anges, les fées
Et tes océans d'Homme,
Roi qui caresse la terre constamment,
Avec la douceur du plus merveilleux amant.
Je t'aime si fort, que tu ne peux qu'être heureux,
Je t'offre mon cœur, mon corps et mes yeux,
Pour être certaine que tu vois toujours la lumière,
Et que tu reconnaisses à des mille, notre clairière.
J'ai les yeux des pays du soleil,
Et je vois partout des merveilles,
Que je ne partage qu'avec toi,
Si tu respectes l'humanité qui a planté son arbre en moi.
C'est un arbre que l'amour, la joie, l'effort font frémir,
Il porte ma vie, comme il porte ton avenir.
Ce sont les oiseaux qui demandent au soleil de les faire grandir,
Des oiseaux qui chantent pour la lumière
Ainsi, la force vient du ciel et de la terre.
Et si une part du ciel existait sur terre,

Comme de la terre au ciel.
Une vie pleine de notre universel,
Avec des anges qui prennent toutes les apparences.
Pour nous donner plus de présence.
Merci,
Ils ouvrent les portes de l'infini,
Ils sont pleins d'éclairs,
Une douce lumière,
De fusées de roses
Pour toi, pour que tu oses,
Comme je le fais tous les jours
Te prouver mon amour.
J'attendrai toute ma vie,
Et notre amour grandira au rythme de l'infini.
Et tous les matins, je te caresserai,
Toi qui m'a sauvée
En m'offrant des paroles et du bonheur
Une promenade dans un jardin de fleurs,
Du coton, de la force pour ton cœur …
Que penses-tu de cette folie ?
De vouloir aimer toutes les roses, toute la vie …
D'aimer en se soumettant
Au temps ?
Aller vers toi,
N'a qu'une loi :
L'amour,

Qui dépasse tous les trajets du jour.
Le temps n'existe plus,
Depuis le jour où je t'ai connu.
Tu as ouvert tes bras, ton sourire,
L'éternité, notre plus bel avenir.
Le temps peut être doux et nu
Pour chaque individu,
Tous les cœurs qui battent, les yeux qui regardent en bleu,
Ce monde où je n'espère que tes yeux.
Mon roi d'amour.
Dès le tout premier jour.
Qui œuvre du matin au soir
Et du soir au matin,
Au bien-être de tous les humains.
Je te l'avoue : j'ai besoin de ton regard,
Désormais chaque jour.
Tu es ma dignité et mon ouverture à l'amour,
Ouvrir les yeux pour t'accompagner chaque jour.
Ton être est toute ma poésie
Un océan qui vit.
Dans la paix définitive,
Dans une espérance exclusive.
Mon imagination me porte constamment à tous les degrés
De ta pensée :
Tu respires, je pense,
Tu vis, et je prie pour te donner toutes les chances.

Nous sommes sur le même cordon,
De vibrations,
Elles montent et descendent sur le bleu du ciel,
Une pluie bleue qui t'appelle,
Pour tout le plaisir de marcher,
Dans un pays en liberté.
Où personne ne te blâme si tu chantes le long des rues,
Comme par hasard, sous les nues.

Ma dignité, c'est de vivre pour toi
Te voire libre et heureux de te promener
Avec l'allure de tous tes secrets
Qui te donnent la prestance d'un roi,
Que tu es malgré toi.
Tes secrets
Qui pénètrent mon inconscient,
Puisque tu es souple comme le vent,
Et que je m'ouvre et t'ouvre avec les vibrations
Qui parfois, rendent fluorescents l'horizon …
Et ma conscience avec respect.
Je te laisse allumer des lumières dans l'obscurité,
C'est pourquoi
J'ai besoin
D'écrire notre histoire au-delà
Du temps,
Serrée par ta main.

Que le vent,
N'emportera pas,
Et qui deviendra
L'étoile filante que tu cherches chaque matin.
Et qui te parle très doucement, et te dis viens
Dans mon cœur,
Comme dans ta demeure.
Je suis enracinée dans ton quotidien,
Et dans tous tes rêves pour demain.
Je pénètre au plus profond de tes nuits
Pour caresser ton temple enfoui,
Et chaque nuit lui porter une pierre
Pour qu'il retrouve sa splendeur d'hier,
Et que tu retrouves un lieu saint pour te reposer,
Et suivre les chevaliers,
Au visage éclairé,
Par leur devoir
Aller sans écouter les histoires,
N'écouter que sa ferveur
Le fluide de vie qui vient depuis le cœur.
Car trop nombreux sont les mots qui parlent faux.
Leur chemin : apporter le calice jusqu'au château
Traverser les gouffres et s'approcher du lieu magique
Par la magie des eaux,
Que ta royauté vigoureuse, indique,
Juste en traçant un trait de lumière par tes yeux,

Tes yeux ... qui sont le seul feu,
Que je regarde sans peur,
Tes yeux sont élus fleur parmi les fleurs.
Et dans l'air,
Ce jet visionnaire,
Atteindra les esprits des missionnaires
Et dans la clairière,
Ils décèleront la couleur de ta puissance
Qui pardonne à l'ignorance,
Et enseigne les plus beaux pays de la terre,
En protégeant la lumière.
La couleur dont la femme qui t'aime t'habille tous les matins,
En te serrant contre son sein ...
Le chemin :
Roi juif respecté par les chrétiens,
Je te couronne chaque instant,
De tes victoires sur le temps,
Où tu m'embrasses en attendant
Ton cheval blanc,
Qui sait galoper près du vent des océans.
Et qui sait avant toi,
Où tu seras.
C'est une osmose, une fidélité parfaite,
Il aime tes conquêtes.
Chaque tendre matin
Où tu dis viens,

Dans mon palais d'extase boisée,
Tes murs sont d'arbres sacrés
Principalement du chêne de Moré.
J'admire la beauté qui entoure,
Le lieu où vit mon amour.
Je t'apporte toute la sainteté
Qui m'a éloignée,
Cinq fois de la mort,
Tu sais Dieu est immense, il sera là encore,
Pour donner force à ce qui est vivant,
Ce qui lui prend une grande partie de son présent
Il regarde ce qu'il a créé,
Et son sentiment reste un mystère
Joie et peine fleurissent toute son éternité,
Il nous parle dans les rayons de lumière,
Qui baigne la terre depuis, ... depuis quand ?
Depuis que le vent est vent,
Jusqu'au jour béni où est né le premier enfant,
Où mon prochain amant
Sera toi, probablement,
Et le plus doux. Jusqu'au jour où nous partagerons le baiser
Qui continuera tant que tu m'aimeras
Puisque je n'ai connu que toi,
Depuis tous mes rêves secrets.
Aucun humain ne le sait
Le secret

Entre l'homme et Dieu,
Lorsqu'il pose ses yeux
Sur la force de sa créature
Est la plus pure,
Est la plus belle alliance,
Je te promets de faire vigilance
Et de ne pas me brûler aux ailes de la connaissance.
Le secret est comme un serment,
Il ne se dit pas, il se sent
Il protège de ce qui peut rendre fou.
C'est pourquoi je ne sais pas tout.
Je n'ai qu'une certitude
La douceur,
Elle comble bien des solitudes
Je vis dans cet immense bonheur,
De savoir à quel homme consacrer mes heures.
D'avoir trouvé le coffret
Où ranger mes désirs d'aimer.
Où ranger mes rêves d'enfant,
Dans lesquels j'entends les voix de mes parents.
L'enfant a grandi,
Et le coffret reste mon plus fidèle ami,
Il me parle à présent de toi, de ta vie,
Du souffle de ta respiration
La plus belle chanson
Qui monte parfois jusqu'à l'horizon.

Je veux parfumer la terre,
Pour que tu respires l'air
Des fleurs,
De la fleur de mon cœur.

Et si demain, c'était aujourd'hui ?
Une seconde de toi suffit
Des fleurs grandiront
Dans notre maison,
Ouverte aux cœurs ensoleillés
Aux âmes éclairées,
Avec une porte de nacre pour visiter le jardin,
Gardé et par le Graal et par tes mains.
Nous aurons chacun notre rivière
Et peut-être les mêmes prières.
Et dans cette maison tu gouverneras
Heureux, sans punir puisque ceux qui seront là,
Seront les ailes du moulin de nos cœurs
Autour duquel, voltigent des petites fleurs
Juste pour parfaire discrètement notre bonheur.
La liberté,
De remuer ciel et terre
Pour te retrouver.
Dans ton sanctuaire,
Reconstruit pour la vie.
Je m'en approche chaque nuit,

M'autorises-tu à y entrer ?
J'avancerai doucement, petit pied par petit pied
Je ne regarderai
Que toi.

Et l'eau qui s'écoulera,
Emportera,
Des poissons, du lichen, une simple mousse
Tout autour de nous, la vie pousse,
Son rire fort et joyeux.
Que tu offres quand tu es heureux,
Et ce rire est si doux,
Que je ferai tout
Pour que tu sois visité
Par la gaieté
Tu es mon pur sacré.
Et cette joie de te voir penser,
Sans vouloir ordonner
M'incline à t'offrir le regard de ma licorne, être de pureté.

Et te montrer
Le vase béni qui contient les fleurs de l'amour sacré
Il est très particulier,
Il contient l'essence du sauveur chrétien.
Jésus, le samaritain.
Une fois que les chevaliers eurent ouverts la porte du château

Ils ignoraient qu'ils découvriraient, le pur, le simple, le beau …
Les douze apôtres se sentirent
À nouveau entourés par cette vie et ce sourire
Alors ensemble, ils décidèrent de graver dans le firmament,
L'étoile de Bethléem brillante qui résiste à tous les vents.
Chaque étoile porte sa lueur d'amour.
Comme une vague singulière dans le jour
Courageuse, qui vient de très très loin,
Depuis que le premier matin
A posé son énergie,
Qui remplit la plage, lorsque tu me souris.
Apporter au Graal, les pierreries étincelantes,
Tout simplement belles, ruisselantes.
Comme les larmes des anges
Si douces qu'elles changent
La couleur de tes yeux,
Perceptibles uniquement par ceux qui veulent te rendre heureux.
Te voire à nouveau danser,
À nouveau chanter,
Croire à nouveau en la douceur,
Te parler et ressentir l'honneur,
Immense d'être toujours plus près de toi,
Pour t'aimer et te remercier d'être là,
En vie,
Merci.
Mon amour pour toi est une étoile, sans prix,

Et je t'aime berger, roi, comme tu m'aimes femme
Je suis heureuse d'avoir une âme,
Et un cœur qui travaille pour te nourrir chaque jour,
T'offrir un toit où règne l'amour.
Ma richesse,
C'est d'abord ta richesse.
Et toutes tes interrogations,
Qui sont ma passion.
C'est avec joie,
Que j'écoute la voix
De ton intelligence
De ton refus de la souffrance.
Mais qu'est-ce que la richesse ?
La richesse c'est le nombre de baisers, et de tendresse.
Toute la confiance que l'on se donne les yeux fermés,
J'aime ta liberté.
Toute ma vie, elle sera ma destinée.
Mon amour pour toi, illimité est la porte de ma liberté.
Tu m'entends voguer sur les plages de ta royauté.
Un don, un présent, un vieillard à qui l'on offre sa tendresse
Une présence douce comme une caresse.
Avoir vécu toute sa vie à regarder son cœur pour le purger,
À regarder tes yeux, avec amour et simplicité
Y sentir une vérité
Puis te l'offrir,
Dans un sourire

Espérer devant la crucifixion,
Qu'il accordera son pardon.
Surtout que son âme se multipliera
Avec le règne des plus grands rois,
Comme les poissons et le pain de la cène.
Le vent et l'amour le mènent
Vers notre future lumière,
Cet homme n'attendait pas de prières.
Il aimait tout simplement,
Sur le chemin de pierres.
Tout autour de lui, un rayonnement.

Je le vois porter sa croix,
Et le vent emporte sa voix,
Que les Romains n'entendent pas,
Mais qu'une femme
Une simple femme
Entend, comprend
Dans son amour et dans son temps.
Et créera la première prière chrétienne,
Dans la lumière souveraine.
Et la cérémonie du Graal en est la révélation.
Mais la quête du Saint Graal
Est la volonté d'un homme qui ignore le mal
C'est plus qu'une qualité, c'est une bénédiction,
Une inexplicable sensation.

Une plénitude intérieure,
Une âme qui suit le chemin de pierres et de fleurs.
Jung qui postule l'existence de l'âme,
Voit dans le Graal un réceptacle éternel, une flamme
Que les Hommes ont toujours cherché.
Puisque l'ancien testament
Leur semble incomplet,
Alors l'histoire du Christ est écrite dans le nouveau testament,
Ainsi l'homme peut réfléchir et comprendre le sens du respect,
À travers l'ouverture de son être dans l'immersion biblique.
Le sacré pour l'homme est toujours unique,
Il ouvre grand ses portes, pour la pénétration des mystères
C'est un cadeau dans lequel l'homme à travers sa vie sur terre :
Relire les écritures,
Imaginer tous ses messages laissés dans la nature,
Pour cet homme, dans chaque parole, il y a l'amour,
Certains parcourent le monde, le jour
Pourtant il est tout prêt, et on ne le voit pas.
Il ne juge pas,
Pourtant sa colère fut grande, auprès des marchands du temple
Cela nous rappelle qu'il y a quelques hébreux,
Pieux,
Qui marchent, petit noyau, et contemplent
Le peuple qui a faim et froid
Ces hébreux vont tout droit,
À leur secours,

Et c'est dans une danse d'amour,
Que la vie suit le destin
Prévue par le divin,
Tu sais, l'histoire du monde est écrite, tu peux échapper à tout
Et même à ne pas devenir fou
Mais pas à Dieu.
Qui que tu sois, tu es toujours sous ses yeux.

La recherche de la pureté
Peut se lire simplement dans les yeux aimés,
Je me couche au bord de tes chagrins
Et je t'emmène jusqu'au matin
En conciliant le matériel et le spirituel,
Gagner ton cœur, est la plus belle,
Vie que l'Éternel et mes parents m'ont donnée,
Une vie spirituelle, un sentiment d'intériorité,
Tu es désormais,
La deuxième palpitation de mon souffle.
Je cours vers toi, je m'essouffle,
Et je m'arrête pour boire
À la source de ton espoir.
J'aime écouter mon cœur vivre et grandir
Depuis que tu m'as offert ton rire
Ton infinie patience …
Et pudiquement évoquée ton espérance.
Connais-tu la Jérusalem céleste, où resplendit

Le divin calice, dont la porte ne s'entrouvre qu'aux êtres bénis ?
Qu'est-ce qu'un être béni ?
Un homme ou une femme qui sait encore dire merci,
Et reconnaître ta gentillesse,
Dans la gentillesse,
D'un sourire sincère,
Pour honorer la terre.
L'admiration devant les océans qui galopent pour te rejoindre,
Je voudrais peindre
Ton visage sur mes mains,
Pour que tu ne sois jamais loin.
Je voudrais juste savoir de quelle couleur, tu te vois en moi,
Je suis de la couleur que tu veux toi ;
Une couleur de la terre,
Ou une couleur de l'univers.
Il suffit que quelqu'un un jour t'ait montré toutes les couleurs,
Un magicien, un ange peut-être, ... qui rêve de ton bonheur.
Le Graal n'a pas de couleur, il ne fait que briller.
De même les étoiles allument la clarté.
Tu as le choix du voyage,
Et j'ai besoin de tes paysages.
Surtout de ton sourire quand tu regardes l'océan,
Quand tu sens le vent,
Qui promet la liberté,
Et l'amour qui aime grandir dans cette contrée.
Tes yeux, ta bouche, tes mains

Sont la vie que tu ne peux me cacher,
Tout ton être me fait exister :
Et je veux encore l'admirer,
Si tu me laisses te regarder
Et comprendre une partie de tes pensées.
C'est tellement important une vie qui s'accomplit
Pour les cœurs qui chantent dans la nuit.
Je veux, si un roi peut accepter la simple femme que je suis,
Vivre, sourire, danser, chanter, faire l'amour dans ta vie.
Veux-tu que nous oublions ensemble dans de multiples caresses,
Nos trébuchements, nos hésitations pleins de tendresse ?
Nous avons la vie qui court avec nous, comme un ruisseau,
Tu m'as appris beaucoup de choses
Surtout la douceur de tes mots
Plus doux que le velours d'une rose.
Une rose aux treize pétales qui sont treize mots,
Pour entourer,
Et protéger,
La terre sainte.
Et l'ensemble des sépales de cette rose sont aussi le calice,
Et Jésus ne prononcera aucune plainte,
Puisqu'il est l'un des fils
De la terre du soleil et des roses, et sur ces cinq sépales
Est proposé le salut,
Une rose nue,
Descendue des étoiles.

Oui, la terre d'Israël
Vient du ciel.
Et les coupes de bénédiction reposent sur cinq doigts,
Et mon cœur repose sur toi
Et tous mes louanges parlent de toi.
Ô toi, mon roi, Jésus est de ta lignée,
Mais pourquoi a-t'il livré les secrets,
Gardés précieusement par ses pères ?
Une très puissante prière.
Qui place l'homme devant son créateur
Avec de fortes émotions, parfois de la peur.
À partir de là, la lumière est créée
Et dissimulée.
Tu la caches dans ton arche intérieure,
Et cette fois encore, D. a placé en toi sa lueur.
Tu es le roi de lumière, de musiques et de poésies,
Je veux te suivre dans toutes tes vies,
C'est là ma seule demande à l'Éternel,
Te laisser me regarder depuis le ciel
Pour que je m'élève dans le plus haut amour, vers toi,
Je partage ma lumière de femme, à la tienne, et ta semence
Est émise : je deviens fruit de joie,
Et de silence.
Ma lumière
Existe par amour pour ta lumière.
Tu es un arc-en-ciel,

Je marche et commence à découvrir la force de l'Éternel,
Je t'invite au pays des fleurs, et elles étincellent
Dans une apothéose de couleurs.
Mon cœur est un champ de fleurs
Qui s'ouvre devant toi
Car aucun homme autre que toi
Ne comprendra pourquoi,
Pour déifier les roses qui deviennent un arbre inconnu
Et offrent un chant jamais su
Qui donne le fruit
Planté en lui.
Si un jour, je reçois ta pluie d'amour,
Je serai protégée des larmes du jour.
Ma vie sera, pour toi, un sourire
Qui t'éloignera de toutes misères,
Tu pourras incruster des saphyrs
Sur tes royaumes et revenir sur terre,
Pour te souvenir … de l'amour …
De mon amour.
Je t'offre une terre
Où tu pourras chercher le nom du commencement,
Pour que le temps te parle, et que tu le comprennes en prières.
Le ciel est-il vraiment séparé des océans ?
Jésus-christ était peut-être un oiseau qui volait avec les vents.
Dans quel but Dieu a-t'il créé Jésus ?
Pour le voire nu,

Et le vêtir d'amour,
Et le consoler des jours
Où il avait peur de perdre nos tourments.
Alors qu'il n'était qu'un enfant,
Il savait, il attendait,
Car l'étoile lui avait parlé :
Trois rois mages
Melchior,
Qui offre l'or,
Gaspard vient de l'Inde, jusqu'à cette batisse de bénédictions
Offre l'encens
Que l'on respire dans les vents,
De cette maison,
Enfin Balthazar, venu des chaines mongoliques
Porte la myrrhe, évoquée dans le cantique des cantiques.

Sais-tu où se trouve le Saint Graal, de quel côté
De la Jérusalem céleste ?
Dans quelle partie du ciel s'en est-il allé ?
Certains Israéliens pensent que le quartier est dans Jérusalem,
À Talpiot a été retrouvé un tombeau familial, de ce que l'on aime
Ceux qui ont connu intimement le roi, peut-être mort,
Mais qui nous a laissé le Graal, encore ...
Marie-Madeleine était l'aimée (dans son sein) de celui-ci,
Même si certains textes anciens de l'église ne partagent cet avis,
Et n'ont jamais voulu en parler ?

Il se peut que Jésus est enfanté.
Ainsi, le Christ a une lignée.
Dans le ciel comme sur la terre
Le christianisme a lui aussi des sources attestées.
Et à chaque Credo, sa prière.
Les chrétiens ne cessent de chanter :
Credo in unum
Deum.
Le monothéisme est la plus difficile façon d'aimer Dieu …
Le Dieu hébreux,
Rêve de rassembler ses enfants
À la source de la lumière-délice
Dans un temps,
Qui passe, glisse
Et s'efface devant
L'Éternité
Qui ne cesse de nous regarder.
La plus belle façon de préserver la vie.
Pour respecter, ce que D. nous a donné : l'infini.
Nous sommes tous des enfants
Dont la conscience flotte dans le vent,
Divins,
Alors ouvre ta main.
Et laisse-moi regarder ton chemin,
Toi aussi tu viens de loin.

Les anges ont aidé l'Homme dans sa queste,
Quoi qu'il arrive, qu'il soit arrivé, ils restent
Depuis toujours.
Le christ a vécu
Et a disparu
Dans l'Amour,
Et pour l'Amour.

La licorne bleue et la fontaine de jouvence

Un jour, je me promenais
Le pas léger,
Le cœur en avant
Et j'ai vu une beauté dont je ne soupçonnais pas l'existence.
Mais dont j'ai été enchantée par la présence.
C'était un jour de mon temps,
Cette splendeur avait existé bien auparavent,
Elle semblait attendre non plus qu'on l'imagine,
Mais qu'on la dessine
En la regardant,
Dans ce moment hors du temps.
Mais il faut croire que ce jour était choisi,
Je vais vous raconter, si vous en avez envie,
Sinon mes mots seront l'hommage
À toutes ces images,
Surgies ensemble au sein d'une extraordinaire surprise.
Procurant des sensations exquises,
Voire surgir la vie, s'écouler pour t'apprendre l'éternité.
Dans mon cœur, dans mes yeux elles resteront gravées.
Et c'est dans son écoulement,
Que s'écoule le temps.
Le temps se mesure par la course du soleil,
Et par les fées quand elles se réveillent.
Leurs clochettes tintinnabulent comme deux étoiles d'amour,
Qui se disputent, en riant, de l'apparition du jour.

Je n'écoute plus que toi et les fées.
Les fées aiment nous regarder,
Nous éveiller,
Au même instant ?
En pensant qu'il existe encore l'océan.
C'est au moment de leur rencontre, que chante le premier oiseau
Et alors il cherche l'eau,
Il vient boire à ta bouche
Puis vient boire à ma bouche,
C'est notre premier baiser,
Par les oiseaux et les fées.
C'est bon de chanter pour toi,
J'ai besoin de t'apporter de la joie,
Dès la matinée.
Chanter c'est penser.

Mais je n'étais pas seule dans mes pensées,
L'Homme avec qui je vais confondre ma destinée
Pensait à moi, pour que je réalise
Le rêve complet qui ne se divise
Que si l'amour décide de repartir en mer,
Et me laisse seule sur cette terre.
Pourtant la fontaine me disait,
Que tu ne me quitterais jamais.
Tout l'amour que mes yeux peuvent voire,
Ce que j'ai vu n'était pas aussi doux que ton regard,

Et pourtant là se trouvait une licorne heureuse
Peut-être parce qu'elle me sentait amoureuse,
Oui, la licorne se nourrit d'amour et de lumière
Et ce jour là je t'aimais déjà dans un poème écrit sur terre,
Pour toi et tout l'univers.
Mais personne n'a conscience de ses innombrables beautés,
Des mystères de la divinité.
Peut-être toi,
Mais j'espère que tu me raconteras.

Le ciel brillait,
Les elfes avaient conclu une paix
C'était vraiment une très belle journée,
Et … j'aimais ma vie,
Ta vie.
La vie d'un roi et d'un poète
Sont tous les deux une quête,
Tu cherches à faire paraître, la lumière du jour,
Le poète ne sait que parler d'amour,
De cette humanité :
Lui rendre sa dignité.
Tu aimes voir l'éclat de l'aube
Pour cet instant, je porterai ma plus belle robe.

Et puis il y avait aussi
Entre des églantiers,

Cette fontaine qui donne vie
Et la jeunesse éternelle aux êtres étoilés,
La fontaine doucement appelait
Les enchanteurs et j'ai entendu la plus belle voix,
C'était le chant d'accueil des enchanteurs du bois,
La licorne elle aussi chantait
Le sacré pour le sacré : la licorne dansait
Transparente parmi l'eau limpide de la fontaine.
Le monde était bleu, sans peine,
Et la licorne montait
Et descendait
Les vallons,
Son galop, c'était ma chanson,
J'étais allongée sur un tapis de feuilles et de fleurs
Et dans la chaleur douce du soleil, je pensais à ton bonheur …
Mes pensées t'imaginaient roi de ce pays sans combats,
Dont la seule loi
Est de veiller à l'ordre naturel de la vie :
Le renouvellement des existences, la survie
Des secrets
Qui gardent la clé
Cachée
Entre la nuit et le jour
Et qui veille toujours
À l'accès de ce monde de rêves
Pour tous les enfants,

Dans lequel ton innocence sera le complément,
Du parfum et de la sève,
De tout ce qui s'élève
Comme le plus beau chant d'amour d'un oiseau
Pour son arbre, pour son ciel.
Le voyageur tomba amoureux devant ce monde si beau
Et décida de le soustraire aux Vogons inexistentiels.
La Terre, par la force de sa fontaine, restait insaisissable,
Puisque l'eau est transparente, quand elle va sur le sable,
Et couche sur tes pieds, le nom de celle qui danse,
Pour apaiser la mélancolie du plus beau des rois :
Sur le rivage mon nom balance
D'une vague à l'autre vers toi,
Aux doux sons de ta lyre et de l'océan
Que comprennent certains enfants
Et quelques femmes qui couvrent d'or tes chants,
L'or qui te donne vie,
C'est pourquoi je refuse d'en porter
Pour que ta vie continue d'aller …
Et encore, et toujours la vie.
Le rêve est le véritable infini,
C'est pour cela que madame jouvence te parle dans la nuit.
Elle te parle de toutes tes vies,
Elle te parle avec douceur, amour et respect,
Puisque c'est ainsi qu'il convient de s'adresser à la royauté.
Un roi, qui veut, qui sait aimer.

Et attendre sous un ciel étoilé,
Pour m'embrasser éternellement,
Et regarder les fleurs sourire au vent.
Ton attente a pris fin,
Dieu m'a rapproché de tes mains,
Et la fontaine de jour recommence à fleurir
Puisqu'elle t'a vu sourire.
À mon tour, je recommence à rire.
Je souris lorsque tu ris,
Je ris lorsque tu souris,
Pendant ces quelques moments de bonheur,
Tu penses au milieu du soleil et des fleurs
Et toutes ces vibrations sont tour à tour lumière et espoir,
Que je recueille quand vient le soir.
Je rêve de toi,
Et dans ce pays là,
Des voix me parlent de toi :
J'entends : mais cela restera le secret,
Qui me procure joie et vitalité.
Comme cette fontaine où tu vas te baigner,
J'aimerai être cette eau pour couler,
Le long de ton corps
Délicatement lorsque tu dors.
Tes rêves sont mon océan,
Tu es mon premier serment,
Ma promesse éternelle de n'aimer que toi !

Même si tu es fatigué d'être roi.
Je serai pour toi, cette fête qui te donnera envie de marcher,
De vivre au rythme de la divinité,
Travailler en dansant, en chantant dans un lieu caché de ton esprit
Tu es revenu d'une galaxie
Qui t'offre l'ubiquité de travailler et de fêter la vie,
Les deux, comme mes deux mains
Que je pose sur ton visage comme je le ferai quand tu es loin.
Ma pensée vit pour exister pour tes matins.
Dans les rues de tous ceux qui te cherchent pour te voire,
N'aie pas peur de la gloire.
Du ciel viendra pour toi
Des signes que toi seul comprendras,
Je soufflerai sur les nuages pour que le ciel soit encore plus pur,
Que tout cet azur,
Que l'Éternel aime regarder dans la mélancolie de tes yeux,
Ainsi tu feras partie du ciel,
Le grand roi qui ne laisse jamais de séquelles,
Parce que ta bonté est à la fois miel et feu.
Et tes mélopées sont des délices,
Pour toutes les filles et les fils,
Mais pour moi, elles sont devenues le dialogue,
Avec les anges et le décalogue :
La reconnaissance et le culte du vrai Dieu,
La condamnation de l'idôlatrie.
Les apparences ne trompent pas mes yeux

Et je t'aime de plus en plus, à chacun des pas de ma vie.
Et je marche loin
Aussi loin que la fontaine résonne dans le matin.
Et le son de l'eau s'allie au son de ta lyre majestueuse,
Oui, tu rendras toi la terre heureuse,
Car tes amis t'aiment et te comprennent
Et te sourient constamment, pour t'aider à oublier la haine,
Ils voient jour après jour,
S'élever mon amour,
Pour toi.
La présentation à chaque fois
Du meilleur homme qu'il soit,
Et tu existes,
Alors je persiste,
Dans l'univers de survie que j'ai créé
Une poésie libre qui n'appartient à aucune école,
Et qui se veut être de simples paroles,
Pour chauffer ton courage.
Te laisser entrevoir le pays des sages
Dans un fragment du temps passé
Qui revient d'un monde sacré vers un nouveau monde,
Encore meilleur, où dans tes bras je fais la ronde,
En te racontant les histoires des étoiles qui ne font qu'éclairer
Les parterres de fleurs,
Les oiseaux aux sept cents couleurs,
Que tu trouveras dans ma demeure.

Si tu me fais l'honneur,
De venir jusqu'à moi.
Pour écouter mes roses d'amour parler de toi,
Et t'emporter dans un monde de plaisir,
Un monde qui te fait chanter et rire,
Surtout lorsque je me débats avec le temps :
Tu me manques tellement
J'éprouve ce désir de t'aimer, juste te voire souriant,
Mais tu as le droit de pleurer,
Je serai là pour te réconforter.
Ma maison,
C'est ta maison,
Et souvent je me demande où tu vis,
Comment est ton temple, reconstruit …
J'irai à ses portes, cachée derrière le rideau pour t'apporter,
Le plan venu du ciel pour cacher ton alliance.
Ainsi mon roi pourra prier, gouverner en sécurité, aimer
Et moi j'aurai à nouveau confiance
Dans ma force pour te sauver
Des ennemis,
De la vie !
La vie : c'est le premier pouvoir d'une femme.
Te porter jusqu'au fond des yeux, te nourrir,
Et pour toi faire mûrir
Tous les fruits de ton âme.
De ton corps

Tu ne connaîtras jamais la mort
Puisque je la chasse d'un rire.
Je suis en correspondance avec les fées,
Et elles m'ont promis,
Au nom sacré de la vie,
De veiller de toute leur clarté
Sur tout notre bonheur
Et ce n'est pas si grave si parfois je ressemble à une fleur ?
J'ai la responsabilité des couleurs
Je poserai dans les yeux du pouvoir, un filtre de transparence
Tous les Hommes auront la même chance,
Pour qu'ils ne distinguent les couleurs de peau
Et du plus misérable homme, les mots ;
Et qu'enfin tous les hommes ne souffrent plus de racisme,
De fascisme,
D'antisémitisme.
Nous avons tous le droit d'attendre la pluie fertile,
D'un ciel qui parfois ne reste pas immobile.
Tu connaîtras le ciel de mes bras,
Et mon roi,
Verra défiler toute ma vie
Pour qu'il trouve un lieu de sécurité,
Pour ces envies,
Je le monte au sommet
De sa dignité
Pour qu'à nouveau, il retrouve le sourire

Avec le cœur qui chavire
D'un soleil à son désir.

Et ta lyre devient l'écho lumineux de mes rêves qui flottent
Sur les ondes de lumière qu'elle transporte.
Et je m'endors chaque soir, cherchant toujours
À te donner plus d'amour.
À chaque pulsion de ma vie,
Tu prends toutes les couleurs de mon énergie,
Et chacune d'entre elles déroulent devant toi, le tapis
De justice devant le sacré.
Si Dieu n'existait pas,
Où aboutirait notre joie ?
Les fleurs n'auraient pas cette beauté,
Ni toi, ta royauté.
L'océan me rapproche de ton monde caché,
Cet inconscient bleuté,
Et je vois tes larmes couler,
Derrière le plus beau sourire qu'il m'ait été offert de contempler :
Je passerai à côté du temps,
À côté du vent,
Pour caresser tes yeux, ton visage et sentir ta bouche
Amener jouvence jusqu'à ma couche
Et être encore plus douce quand tu me touches.
Tes mots deviennent la vague de mon mental :
Mon esprit s'élance vers ton étoile,

Par cette mer inconnue, où je ramasse l'or dont tu ne veux pas
Pour que ta royauté soit la couronne que je touche,
Et ramène à ta plus belle loi :
L'amour … Dis-moi,
Mon roi,
L'as-tu trouvé ?
Voudras-tu le porter,
Avec ton armure
À qui je murmure,
Des poèmes
Qui disent je t'aime,
Des poésies,
Qui te parlent de ma vie.
Ne vois-tu pas,
Que je suis si près de toi,
Et que ta mélancolie
Devant ces chants incompris,
Sont des rochers qui explosent tes songes,
Je suis un sérum de vérité, je chasse toutes sortes de mensonges.
Alors, je tapisse le roc de mousse,
Pour que ton existence soit de plus en plus douce.
J'ouvrirai mon cœur plein de ton soleil,
Et ensemble, nous savourerons nos merveilles,
Car sais-tu c'est ta fontaine,
Qui éveille toutes les graînes.
Tu donnes vie,

Et je te rejoins dans le paradis
De l'existence,
De tes si raffinés sens.
Tes yeux sont feu de ma lumière,
Ta bouche est une prière,
Douce, chaude, exceptionnelle
Elle porte l'irréel au réel,
Dans cet instant magique qu'est la nuit …
Où je m'ouvre à ton infini
Et me ferme devant leurs cris,
Et par ton amour, je me purifie, je me régénère
Tu deviens ma fontaine, l'eau qui brille dans la lumière
Et je deviens clarté,
Pour l'éternité,
Qui s'écoulera en moi pour t'aimer,
Et pour m'allonger dans l'armure douce de tes bras,
Fermer tes yeux, et te parler tout bas,
Du sel de la sagesse,
De tout le plaisir de ma tendresse,
Et cet amour immortel est contenu dans toute la force de la vie,
De ta vie,
Qui écume sur ma vie,
Sans toi,
L'océan n'existerait pas.
Tu es mon continent, ma terre,
Ma rivière, ma clairière

Secrets.
Mais je t'aime tellement qu'il me suffit de te regarder,
Pour percevoir cette royauté,
Que tu portes avec tellement d'élégance,
Tu excelles dans l'excellence.
Tu es mélekh malkhé hamélakhim
Et je suis si infime.
Devant le roi
Des rois.

Il existe des fontaines qui pleurent,
La nôtre est l'énergie du bonheur
Le bonheur,
Ne connaît pas d'heures,
Pour arriver jusqu'à nous,
Il peut sembler flou,
Mais son secret le rend doux
Et mes baisers dans ton coup,
Sont le premier soleil qui vient vers nous :
J'aime t'embrasser toute ma vie,
Dis-moi que toi aussi …
Sauras-tu protéger cette vie,
Qui s'annonce si belle ?
Chaque soir, j'entends les anges jouer de leurs ailes,
C'est leur instrument de musique,
Pour notre histoire d'amour fantastique,

Elles ont le secret des lumières et des couleurs
Quand tu me regardes, ils posent sur nos joues une si jolie fleur,
Que mes larmes sont joie et sourire,
Tu es cette fontaine d'avenir,
Que j'emporte comme un secret
Et qui fait mon identité,
J'existe parce que tu es l'océan ouvert aux vents d'été.
J'existe surtout parce que tu es la proximité de ma vie,
La vie et l'amour d'une volonté,
Tu caresses ma vie d'une splendide réalité.
Nous pénétrerons des zones fabuleuses
Où si près de toi, je deviendrai pour toujours heureuse
Inaccessible, aux autres même par le sérum de vérité.
Ton amour est plus fort que ta science,
Car si la science protège la vie, cette connaissance
L'amour crée la vie !
Dans un rêve oublié, dans le pays
De Dieu et des anges, dans un très très doux soupir.
Et c'est peu dire …
Tu connais toutes les ondes
Du monde.
Mais celles qui secouent mon cœur n'ont été découvertes,
Par aucun homme, je serai très honorée
Si tu m'aidais à rester ouverte
Devant ton espace.
J'écris pour laisser une trace

De nous,
Toujours debout,
Les yeux vers la lumière offerte.
C'est un jet, de mon âme couverte
Par la main de la divinité
Ce souffle d'amour qui naît sans arrêt
Qui caresse mes yeux,
Pour que je puisse toujours voire tes yeux.
Et tes yeux entourent la fontaine
D'une foulée d'énergie qui repousse la haine.
Et seul un roi,
Comme toi,
Peut y accéder,
Puisque je t'ai connu et aimé,
Avant même que tu existes dans le sourire de Dieu,
Tu es né pour être heureux :
C'est la vie multipliée par la vie,
À chaque fois que la semence de l'un dit oui,
À l'autre dans sa substance, son esprit.

L'amour venu avec la philosophie du feu,
Qui ne s'éteint pas, même dans la fontaine de jouvence,
Devant cette splendeur, se pose le respect du silence …
Pour une fois encore les éléments se compléteront,
Il n'y aura plus d'annihilation,
Plus de dématérialisation.

Je suis ta vibration.
L'amour absolu, total, jamais remis en question,
Tu es ma finalité,
Mon moment dans l'immédiateté,
Mon arbre intérieur dont les racines sont tous les projets
Que notre vie fusionnée
Murmure quand tu me dis je t'aime autant que les premières fois
Je porterai toute ma vie, cet amour pour toi.
Avec cette Torah écrite : Torah shé bi ktav,
Et cette Torah orale : Torah shé bé al pé.
Les volcans païens resteront laves
Et encore une fois, je t'écouterai
M'apprendre,
Que tu gouvernes sur mon être tendre,
Et particulièrement fait pour toi …
Tu m'éloignes de l'orgueil et tu me laisses vivre dans la joie.
Que je veux t'apporter à chaque instant de ta vie,
Puisque à présent j'aurai toujours envie de te dire : oui,
Ensemble nous construirons des collines d'étoiles, où toi et moi
Depuis le ciel, irons embrasser la terre,
Pour un monde sans guerre,
Où je pourrai continuer à rêver de toi,
Si D. m'accorde cette joie,
Et je te vois en héros
Qui chevauche, peut-être ma licorne au galop
Pour multiplier nos vies

Confondre nos esprits
Portés par l'oiseau de l'amour,
Qui a existé et existe toujours.

Sur le chemin de la fontaine, la licorne a posé les fleurs,
Que tu caches dans ton cœur,
Et que mes pas vers toi, font voler dans le vent,
Ce vent que tu survoles en chantant …
Je vais vers toi, à chaque instant
Qu'il m'est donné de vivre,
Je suis ivre
De soleil et d'amour, parce qu'ils sont toi,
Et que tu es l'essentiel pour moi :
Une lumière entrelacée à l'espérance
Et t'embrasser, caresser ta peau, te nourrir
Te proposer au jardin de la chance,
T'offrir mon pardès, mon gan, mes premiers pas
Vers une certaine connaissance,
Du combat entre l'état de vivre et de mourir.
Là est peut-être ta mélancolie,
Avançons ensemble les mains mêlées vers la vie,
Et nous choisirons de nous endormir au pied de l'arbre de vie
Si un jour la mort te frôle, je serai là pour t'embrasser
Et te ramener
Sur la route de la fontaine de jouvence.
Nous nous y baignerons nus,

En toute innocence,
Les pieds dans l'eau,
La tête dans les nues,
Et toi en moi,
Bras dans les bras.
Et nous connaîtrons encore l'amour et l'éternité,
Pour t'accompagner et t'apporter toutes les gaietés.
La fontaine miraculeuse sera protégée par la licorne bleue,
Puisque la véritable jouvence c'est l'amour, qui rend heureux.
Nous sommes, nous serons jeunes et amoureux,
Nous voyagerons avec les étoiles dans l'élan qui nous déplacera
Dans un monde où tu régneras
À nouveau, nous serons pan-dimmensionnels,
Nous enchanterons l'univers, et tu feras de moi, celle
Qui donnera aux oiseaux la conscience de leur liberté,
De Nelson Mandela, depuis Noé.
L'être qui ne peut se séparer de toi,
Une femme et un roi,
Un rêve qui ne finira pas,
Tout autour de la fontaine, il y a des arbres qui chantent
La vie et de la connaissance qui enchantent,
Il y a surtout ta douceur, ta force et moi qui t'aime
Et je chante avec les oiseaux, des poèmes,
Pour que tu puisses protéger tes empires,
Cesser de souffrir.
Car sans toi, …, le monde, …, irait à la folie

Et tu fais fleurir
Les visages, de ceux qui pensent à ta vie,
Ta vie : ta mélancolie,
Ton sourire solitaire
Devant lequel je scrute l'univers
Pour que tu reçoives une parcelle de cet amour fort
Que tu distribues comme des grains de blé, des grains d'or,
Les grains de blé sont autour de la fontaine, et les grains d'or
Dans ton corps.
Tu es un soleil à l'intérieur,
Comme à l'extérieur,
Tu ne joues pas avec ce bonheur,
Que tu poses sur chacune de mes heures,
Et me font revenir au temps d'avant,
Quand j'avais dix-sept ans
Tu es la fontaine, l'élixir de tous mes printemps
Passés, présents, futurs et éternels,
Un printemps, ça laisse des traces dans le ciel.
Tu es le voyageur, qui revient
Me prendre la main,
Et qui donne des vrais baisers,
Pour écouter nos deux cœurs se parler,
Le langage de l'amour, notre intimité
De chaque jour
Tous nos discours
Parlent de vie et d'amour,

La pierre philosophale,
Roule dans la fontaine d'étoiles,
Cet éclat brillant sur tes lèvres qui prononce le mot d'amour,
Et recommence à vivre jour après jour.
Parler, et
Embrasser
Je te porte au sommet de ce que je n'attendais plus,
Et tu es venu.
Et j'ai connu le frisson
De tes mains aux sept cents couleurs,
Et j'ai prononcé ton prénom,
Et j'ai expurgé ta douleur.
J'essaie de créer en toi,
Un rêve bleu-roi,
Pour que le ciel,
Ne te semble plus irréel.
Le monde est si grand,
Tous tes rêves sont exaltants,
Durant ton sommeil,
Dieu vient te parler de merveilles,
Qu'il a placé dans mon cœur
Pour que nous chantions en chœurs
Enfant, prince, puis roi de florilèges sacrés
Tu ne sombreras jamais,
Le ressac de l'océan sera ta simple partition
Et je nage dans ta voix en fusion

Avec le monde marin,
Le monde divin.
Je te sens bénir dans un simple regard
Et je te vois croire
Que chacun peut trouver peut-être sa fontaine,
Ou vider son cœur de haine.

Je t'écoute pour la vie entière,
Je suis à présent dans ta vie
Et aucun intrus ne franchira le seuil de notre clairière,
Car dame licorne veille à la porte de notre lit,
De fleurs et d'amour infini,
Je suis à toi pour toute vie.
Si tu veux bien regarder le ciel avec toutes les fleurs
De tous les pays du monde qui chantent en cœur
Et qui parfument notre fontaine de jouvence.
Et un amour de toutes les fragrances.
Une source-fontaine qui jaillit au milieu de notre jardin,
Je t'offre à boire de cette eau avec mes deux mains,
Et porter cette eau à ta bouche est un honneur,
Un bonheur.
Car elle porte en elle,
La connaissance universelle.

Je ne sais rien,
Je sais juste t'ouvrir mes mains,

Pour que tu sentes la force, désormais que j'ai pour toi
Et cette force, c'est toi qui l'a posée devant moi.
Est-ce une décision consciente ?
Qu'importe, elle est venue
Je l'ai reçue
Et elle chante
L'histoire d'un amour
Qui bondit jusqu'à ta tour.
Je rêve de ton château toutes les nuits,
Je m'endors et me réveille pour ta vie,
Depuis ta tour, tu peux atteindre la source, pour toi : douce.
Elle est née aux pieds d'un arbre aux feuilles rousses,
Dont tu perçois l'or du soleil,
La fontaine a été créée pour mettre à jour tes merveilles
Certains pensent que c'est toi qui la fait jaillir,
Parce que tu ne veux pas vieillir
Comme un perpétuel rajeunissement
Nous pourrons nous embrasser à travers tous les temps,
Nous pourrons faire l'amour en chantant,
De cette joie innocente
De cette pureté tremblante.
Que la fontaine éclaire,
Et mêle à notre lumière,
Je deviens la porte cachée
De ton éternité.
Sur cette porte ton nom est écrit avec des fleurs multicolores,

Ton cœur est plus sacré, que le plus bel or,
Et je surmonte ma licorne dès que l'on te manque de respect,
Ce n'est pas de la colère,
C'est une modification de l'atmosphère ;
Pour te protéger des rayons qui n'ont jamais souri
Devant la palette divine des couleurs infinies.
Pour que ton oxygène soit aussi régénérant, essentiel
Que l'ambroisie éternelle,
Devenue nectar de vie
Et respirer ensemble, lorsque le soleil est endormi
Et chaque matin, je te tends la coupelle,
Pleine d'hydromel.
Et lorsque je t'aime, mes eaux se libèrent, pour te libérer,
T'emmener dans le moment du temps qui s'est arrêté,
Pour que nous puissions fleurir et poser toutes les épées.
Tu es le roi de mon espoir le plus secret.
Vivre un amour, qui rendra nos amis aussi heureux pour cet été
Qui ne finira pas
Puisqu'il sera dans nos cœurs
Et que je porterai en moi.
Une fleur, que je te tendrai chaque fois que tu auras peur.
Tu la prendras depuis mes lèvres, jusqu'à la gaine de ton glaive,
Tu partiras vers le dragon, l'espoir et le courage en toi.
Je fermerai doucement mes yeux pour t'envoyer mes rêves,
Tu iras,
Tu vaincras

Avec la seule gloire,
De me retrouver le soir.
Je t'attendrai et en t'embrassant,
La fontaine deviendra presqu'aussi pure que le diamant
Le sourire extraordinaire de tes parents
Lorsque tu es venu sur terre.
Tu es l'espoir du monde et ma prière.
J'aime tout en toi,
Pourtant tu ne m'as jamais serrée dans tes bras.
Tu es un être qui dépasse
Les constellations où s'effacent
La nuit,
Des êtres démunis.
Notre amour est au service de la dignité humaine,
De la connaissance qui vient sur les plaines,
De ces vents parfois
Trop froids.

L'homme que tu es a besoin d'une femme pure, comme l'aurore
Je rêve de pouvoir atteindre ce degré, ce soma, encore
Et toujours pour toi
Mais si un jour tu ne m'aimes plus, je ne rivaliserai pas,
Je me laisserai mourir,
En te regardant partir.
Mais si tu as besoin du cristal rose,
Je serais là, nouvellement éclose,

Pour toi, je nais à chaque instant
Je nais dans l'océan doucement.
J'espère apporter au monde des sentiments altruistes,
Et des visions d'artiste.
Tu es beau : tu n'as jamais été égoïste,
C'est pour cela que chaque jour, je sens l'extase m'envahir,
Tu es la création d'aujourd'hui et de l'avenir.
Le monde n'est pas que du temps,
Il est création, lumière, avec des degrés différents :
Par la prise de conscience
De son insignifiance,
Devant les dix sephirot,
Je souhaite m'éloigner de la faute,
Tout ce dont Dieu parle dans le livre de l'exode,
Alors, je brode
Ton sourire
Sans aiguilles avec du fil de lin blanc.
Un fil que j'ai trouvé en me baladant,
Alors que je pensais à toi ...
Ce que je t'inspire.

Je veux te garder près de moi,
Apprends-moi,
Sans me livrer les clefs de ton âme
Je suis une femme
Que veux-tu de moi ?

Mes larmes, mon amour, mon rire ?
L'homme par la force de son désir,
Se rapproche du créateur.
Dieu veut voire la vie,
Il sourit quand tu souris,
Et lorsque tu pleures,
Il cherche la porte de ton labyrinthe,
Pour déposer la fleur,
Que le vent a emporté,
Plein de mes pensées
Vers un océan de rires ou de plaintes.
Je ne te réclamerai jamais rien,
Je me promènerai dans le vent du matin,
Avec la seule puissance de te savoir vivant,
Ta vie est le paramètre le plus important.
Je prends dans mes mains ton vent,
Et je découvre à la fois liberté et amour,
Et je rêve à toutes ces nuits, tous ces jours
Où nous pourrons boire l'eau de notre vie,
Bouche à bouche,
Là je touche,
Le rêve de ma nuit …
Et j'ai senti tellement d'amour dans ton baiser,
Que les fleurs du monde inconnu deviennent ta réalité
Tellement d'amour, d'union protégée
Dans la lumière qui chante pour nous,

Tu m'as donné un rêve si doux,
Qu'il devient le cheval qui me suivra tous les jours ;
Et les vagues d'amour
T'attendent pour te voire chevaucher,
Cette plage où mon corps s'est couché
Je t'accompagnerai dans tes galops,
Le zénith sera de plus en plus beau
Dans une robe transparente
Le ciel sera la charpente
De la forêt candide
Pour que ces caresses translucides,
Adoucissent tes pouvoirs d'homme extra-lucide.
Lorsque tu entres dans ma maison,
Tu vois mes chansons
Voltiger autour de toi,
Dans une immense joie.
Et ton regard, ton sourire
Ne veulent pas me mentir,
Et tu viens guidé par ton cœur
Car tu sais que je t'apporte ce bonheur,
Qui couve en moi,
Pour toi.
C'est là, mon plus beau destin
Tous les jours, j'attends demain.
Mais aujourd'hui je t'aime encore
Parce que notre fontaine chante de plus en plus fort

Certains mystères sont mes maîtres.
La seule réponse, c'est la certitude d'être,
Après toi et Dieu,
C'est dans tes yeux ;
Que je trouve la paix
Le bonheur d'exister
Pour te faire traverser
Les murailles,
Et gagner toutes les batailles.
La fougue de ma jeunesse
Je veux être ta plus belle promesse.
Je veux que nous chantions,
Sur l'horizon,
À l'abri des tempêtes, crois-tu que cela se peut ?
Alice in wonderland a grandi, constamment surprise
Par ses perceptions d'un monde comme un jeu.
Elle était souvent indécise.
Je veux bien décider,
D'être ton poète préféré.
De chanter ton sacré,
Avec les anges de l'étrange endroit,
Où tu vas t'endormir,
Seuls mes soupirs
Te parlent de moi.
Es-tu prêt à les écouter ?
Tu es le professeur de mes secrets,

Tu es le détenteur de mes clefs.
Tout ce qui fait mon être,
Cherche à te connaître
Je te caresse en permanence pour mieux sentir,
Ton cœur, ton âme qui respirent,
J'ai besoin de ton souffle qui m'entoure
Et reçoit et le jour et l'amour.
Tu es né pour cela.
Tu as été choisi pour être de ceux-là,
Qui allument mon étoile,
Comme un désir idéal,
Tu peux tout,
Tu rêves d'un monde où notre amour serait protégé dans ce flou
Que seuls les rois sont capables de créer,
Je suis dans ce tourbillon d'été.
Je plane sur tes naissances,
Libres et sans errances,
Je t'offre tout ce que les fées ont choisi
T'aimer tous les aujourd'hui.
T'aimer tous les instants,
Tout le temps du temps.
Ce qui s'appelle vie,
Et qui mêle la fontaine de jouvence au Saint-Graal,
Joseph d'Arimathie
A réuni les étoiles
D'un homme parti vers le désert

Sans regarder en arrière
Qui a laissé sa quintessence
Dans la fontaine de jouvence.
Cet homme s'appelle Jésus.
Roi, nu, méconnu,
Son calvaire s'est dissipé,
Dans l'eau sacrée,
De la fontaine de santé.

Dans le récit irlandais,
Est décrit la bataille de Mag Tured, suivie par la déesse Dana
Guerriers,
Qui n'avaient pas le choix :
Les blessés de Thûta Dé Dànnan étaient jetés
Dans la fontaine de santé
Afin qu'ils soient guéris
Et aptes au combat le lendemain matin.
Telle était leur vie,
La fontaine irlandaise : Slànte recevait ces êtres, à chagrin
Et toutes les nuits, le dieu médecin Diancecht y plaçait ses soins :
Des plantes rares, dont lui seul avait le secret,
Tous étaient soignés,
Sauvés,
Dans Slanté se trouvaient un plan de chacune des herbes,
Qui se trouvaient sur la terre d'Irlande.
Cette île entourée de forteresses grandes.

Par la puissance de tout cet océan
Qui chantait et dansait au centre du vent.
Une terre peuplée de fées et de génies, qui par leur verbe
Faisaient de la nuit, inventant des proverbes
Où les générations à venir trouveront la source d'un langage,
Qui leur permettra de comprendre une partie du message,
Des sages …
Un seul code : l'amour et le regard franc.
Et offraient courage à tous ces combattants,
En leur chuchotant
Que la puissance de la guerre,
N'est rien à côté de la victoire de l'amour,
La fontaine connaissait ces prières,
Parmi ces plantes et ces fleurs,
Il est dit que certains poètes cherchaient dans le jour,
À dissiper de la guerre l'horreur, et à rendre lueur
À faire naître l'agencement cosmique de l'espoir universel.
Comme un homme amoureux voit sur sa femme des ailes.
Qu'est-ce que l'espoir ?
Une porte ouverte, un miroir,
Qui devient bleu
Et réchauffe l'âme d'un très doux feu,
Comme le veut le feu de mes yeux
Quand je te sens malheureux,
Non, il n'y aura pas de guerre,
Et la belle lumière

Continuera à créer de nouvelles étoiles chaque seconde,
Le monde est si grand, mon amour
Et tu es de plus en plus beau, oui, le temps t'offre sa ronde,
Parce que ce matin, j'ai mis ma plus belle robe pour t'aimer
Toi, qui aimes, chanter, danser et offrir ta pensée.
Encore tout ce jour,
Et ce soir, j'irai à la porte du ciel,
Pour demander à ce que ta nuit soit la plus belle …
En attendant de t'embrasser à nouveau,
Pour t'offrir mon corps comme un cadeau.
Aide-moi à
Plonger dans tes bras,
Qu'attends-tu de la <u>vie ?</u>
Régner dans la joie et l'envie
De préserver l'éternité,
D'une humanité
Qui s'envole,
Dans un ciel de paroles.
Toi, le compagnon des jours qui seront si beaux,
Je me transformerai en oiseau,
Pour être toujours à tes côtés,
Je plane en éloignant de toi les turbulences d'électricité.
Les fées t'ont accordé tous les dons,
Ton sourire, ton élégance, ta discrétion,
La beauté et la justesse de ta pensée,
Ton royaume où règne la bonté,

La douceur, la patience, l'humilité
J'aime ta vérité,
J'aime te voire galoper,
Dans mes rêves, pour construire,
Avec moi, cet avenir
Qui brille en toi,
Et donc en moi.
Nos lumières se confondent pour former la plus belle étoile
Une étoile étincelante dans l'éclair astral.
Nous sommes faits pour construire,
Non pour détruire.

L'amour est répandu dans tout l'univers,
Souvent près des fontaines aux eaux claires,
Pour les princes et guerriers irlandais,
La fontaine est la symbolique de la féminité
(C'est peut-être la présence incarnée de la femme),
L'existence de l'eau-flamme,
Lorsqu'elle pleure, lorsqu'elle rit
Devant les sentiers interdits.
La pureté de la personne féminine,
Trouve force et secours dans la fontaine divine,
C'est un endroit rêvé,
Pour penser aux êtres aimés,
Rois, enfants
Et magiciens du cirque géant …

Et en secret toi, qui ne m'as jamais abandonné,
C'est par toi que j'ai les yeux éveillés.
Je vois le ciel faire l'amour pour donner de l'énergie,
À toutes les paix, de tous les pays,
J'entends et j'obéis quand on me parle avec gentillesse,
Je suis un être de tendresse,
Et j'ai besoin de tes caresses
Pour entrer dans la mer, comme dans la fontaine sacrée,
Tu es la clé infinie de l'infini,
Tu es un ange toi aussi,
Qui ouvre toutes les portes du temple de Salomon,
Dans la partie sud de l'enceinte, une porte donnait accès
Au temple et au palais royal, tous deux sacrés.
C'est le roi David qui avait fait toutes les préparations …
Elle s'appelle aussi "porte des fils du peuple" de Dieu
Et "porte neuve", d'or et de chérubins bleus
Parfois aux visages humains,
Mais c'est toujours par les mains
Que D. vient poser sa présence, dans une nuée
Qui protège tant de beautés.
Reconstruite par Yotam de Juda
Puisque le royaume de celui-là
Était subordonné à celui d'Israël,
Terre éternelle.

Il existe des lieux dérivés,

Qui ont pleuré avec les anges sculptés.
Beaucoup de princes et de guerriers irlandais y voient leurs âmes,
Se prosternent car les anges respectent toutes les femmes.
Ainsi le roi Eochaid surprend sa future épouse à la source d'amour,
Elle est nue, la chevelure défaite et a attendu le petit jour,
Pour se laver.
Ce n'est pas une fée,
C'est une femme plus fragile que les fleurs,
Plus forte sous le regard du roi qui lui fait honneur.
Le roi est caché,
Derrière un églantier
Il éprouve un désir extrêmement puissant,
Qu'il ne peut contrôler plus longtemps :
Cette femme s'appelle Etain, elle est paisible,
Elle raconte des histoires aux fleurs invisibles,
Et le roi les entend, il est tellement ému,
Qu'il verse une larme
Et pose les armes.
Son cœur est inondé d'amour nu.
Et cette larme royale se joint à l'eau
Pour former des milliers d'anneaux
Qui attirent la lumière du soleil,
Pour se souder à la merveille,
Qui paraît dans l'eau de pureté,
Leurs yeux ne se sont pas encore croisés,
Et parfois je me dis que ce roi,

C'est peut-être toi,
Alors je rêve que je suis Etain.
Je joins ensemble mes deux mains
Et je souffle sur leurs paumes,
Pour découvrir ton royaume.
Mais toi tu es un roi biblique,
Qui a créé cette puissance magique
L'amour, la volonté, le désir,
La vie.
Je te crois quand tu me dis qu'elle a commencé avec le paradis :
Je ne veux jamais mourir.
Pour atteindre des sommets d'amour inconnus, avec toi,
À chaque fois que nous ferons l'amour, je redeviendrai roi,
T'aimer
Réclame l'éternité,
J'ai tellement de choses à découvrir,
De ton empire,
De fleurs et de sourires,
À chaque fois que je verrai une fleur,
J'aurai envie de te rejoindre mon amour, mon cœur.

C'est pourquoi j'ai besoin de rêver à tes sourires
Et je suis heureuse quand je te fais rire ;
Et nous vivrons de Phe à phé,
Par ta bouche vivent l'amour, le droit, la liberté.
Et tes mots sont si bons,

Qu'ils sont inscrits dans les murs de ma maison :
Un jour je serai heureusement surprise de voire
Une fontaine fleurie,
Couler jusqu'à mon lit
Être un être d'espoir
Je veux être ton miroir,
Devant lequel tu te verras couronné
Couvert d'amour et de respect,
Toutes les fontaines iront couler
Jusqu'à toi.
Depuis des millénaires tu es roi,
Et je t'aime depuis ce temps là.
Tu m'as portée dans tes bras
Et tu t'es couché près de moi
Pour tracer les sillons de la fontaine empirique
Lorsque l'on aime le monde peut être féérique
Et couler de source, jusqu'à la fontaine cachée,
La fontaine ne serait-elle pas une femme en réalité ?
Née parce que tu en as rêvé
Et qui t'attend pour découvrir l'amour mental,
L'amour de ton corps, comme une étoile
Parmi les gouttelettes irisées
Cette femme fontaine se tait
Mais elle sait aimer.

La licorne bleue et la colombe

Des scintillements d'amour qui viennent sur terre en trombes
La colombe est un symbole universel et ancestral,
Universel, car sa puissance est vitale,
Elle a redonné au peuple aimé
Par Noé,
L'arrivée vers une nouvelle vie
Une fois que les eaux du déluge se sont enfuies,
Au moment où D., a dit
La terre est prête à recevoir le souffle de mes créatures
Puisque le sol, l'air et les eaux étaient redevenus purs,
Pour espérer une vie où le lion ne dévorera pas la colombe.
Cette belle petite créature, douce, inoffensive, dont le baiser
Signifie la fin des hécatombes,
Et pure par la blancheur de ses plumes.
C'est à l'intérieur de l'arche que le lion était plein d'écume
Et avait une envie de la dévorer.
Et dès qu'elle vit le jour, au petit matin
Puisque la lumière connaît tous les chemins
Le lion surgit et voulait posséder cette douceur.
Ce lion là a soif de son petit cœur.

La petite colombe qui n'avait pas encore d'ailes pleura
Elle se sentait vulnérable, alors elle implora :
Hachem, son créateur, son père haut dans le ciel
Cette prière si forte,

Rassembla les anges dans une escorte,
Et l'exauça, il lui offrit une paire d'ailes
Des ailes,
Belles,
Qui rendent l'espace doux,
Éloignent les éclairs fous,
De cette puissance inconnue,
Qui se présente toujours dissimulée à ta vue,
Mais il est partout
Puisque D. est tout,
À la fois ari, et soleil sur le monde,
Il remue sa crinière blonde.
Il rugit et se proclame roi des animaux,
Mais il ne règne que sur terre, et pas ... là haut
La lumière du lion effraie, et tue,
La lumière de la colombe nue,
Inonde le bateau divin.
Et pose dans les mains de Noé, la vie
Alors Noé, à nouveau sourit.
C'est elle qui préfigure le matin
De la décrue des eaux,
Vers un monde qui commence beau.
Elle sait chanter, ces chants
Premier oiseau, des premiers temps ;
Le lion en l'espace d'une seconde,
Imagine son monde :

Rugit, flamboie,
Et Noah,
Calme cette flamme et ce tourbillon
D'un regard souverain,
Et en tendant la main,
Le rend plus doux que le chaton,
Avec lequel les enfants de l'arche jouent,
Ainsi, à présent le lion est doux,
Et la colombe a des ailes.
Elle peut fuir l'irréel.
Et s'envoler vers la vérité sensationnelle,
D'offrir une toute nouvelle ère
À ce peuple qui toute sa vie espère,
Être digne de l'amour de Dieu
Regardant dans les yeux
De Noé, le pardon,
La colombe en chante la chanson
Car la vie qu'elle vient de voire,
Interpelle vers un nouvel espoir.

Pourtant cela ne suffit pas à calmer le lion
Qui continue à galoper plus vite que l'horizon,
Pour atteindre l'infinie douceur et la grande pureté,
Alors, puisqu'elle ne sait pas encore se servir de ses ailes,
Sauf pour accomplir le dessein de l'Éternel ...
Oui, c'est très délicat de s'envoler

Faire force aux vents,
En gardant dans ses yeux les étoiles seules éblouissements
Elle pleure dans les étincelles,
Elle chante dans le ciel
Ce chant et ces larmes sont entendues dans l'arche sacrée
Et D. à nouveau réfléchit,
Comme le peuple juif qui rêve de sauver toutes vies.
Alors même qu'il ignore la puissance, qui lui est révélée.
Au moment de faire face aux troubles dérivés
De tous ceux dont le cœur est une pierre,
De tous ceux qui veulent éteindre la lumière,
Et se nourrir des premières fois,
Alors que cet instant mérite d'être posé sur les pas,
De l'amour.
Les premières fois sont et seront toujours …
Sacrées.
La colombe saura s'envoler.
Et la paix universelle dans le monde finira par régner.
Les prix nobels, les accords d'Oslo,
Ne sont pas que des mots,
Ce sont autant de colombes que d'efforts,
Qui donnent parfois au ciel, cette étrange couleur d'or,
De rose,
Les fleurs s'imposent,
À la vie.
Alors le fleuve de l'existence s'ouvre comme une envie,

De prolonger les vies
Des grands rois passés
Qui n'utilisèrent pas de pierres taillées,
Pour édifier
L'Oulam, l'Hekal (ou saint), le Debir (ou saint des saints)
Et la colombe de s'envoler dans le temple chaque matin,
Comme autrefois dans le sanctuaire de Silo,
Petite colombe entends-tu mes mots ?

Hachem écoute ses enfants,
Et donne à l'oiseau blanc
Le pouvoir de s'envoler vers le ciel,
Comme le veut l'Éternel,
Sentir ses créations,
Leurs craintes, leurs frissons.
Si je vais près de cette figure paternelle,
C'est pour lui dire que sur terre, existe quelquefois
Des rêves d'amour, qui ne demandent qu'à se réaliser
La colombe a été créée pour aimer, protéger l'humanité.
Et lorsque tu as peur, c'est que tu ne sais pas
Que je suis pourtant, très très près de toi,
Et que je te regarde avec tout l'amour, de mon cœur de femme,
Et en silence, je réclame
L'abolition de tout ce qui fait peur,
Alors j'en appelle aux grands cœurs.
Oui, le cœur ouvre l'esprit,

Puisque je t'aime,
Je vis.
Et je parsème
Des cristaux laissés là par l'océan.
La colombe d'amour et de vie va vers le vent.
À quel point l'amour offre à ton cristal sa fragilité,
Veux-tu bien respecter, aimer
Ce qui vient inlassablement,
Depuis l'océan,
En toute liberté, en toute suspension,
Et d'élever ton prénom, chaque instant aux constellations
La colombe s'élance dans l'espace,
Et offre au mendiant un cœur de palace,
Les néons bleu-roi et les fleurs brillent dans son sourire,
Il voit le monde chaque jour depuis cet empire
Et lorsqu'il rêve, il visite des terres
Où l'amour, l'eau, le mets, lui sont spontanément offerts.
Que Dieu m'accorde ton amour,
Et que tu prospères toujours,
Tel est mon rêve, la chanson qui fait battre mon cœur.
Ce qui m'importe ? : ton bonheur.
Planer dans la nuée du Seigneur,
Embrasser les fleurs,
Lever les yeux vers mon soleil,
Qui pour toi, cherche merveilles.

Mais peux-tu imaginer
Le sourire de Noé
Qui ayant attendu plus de cent quatre vingt dix sept jours
Lança la colombe ailée vers le jour ?
Et *"[...] revint vers lui sur le soir,*
Tenant dans son bec une feuille d'olivier
[la lumière s'était couchée
Mais avait surgi l'espoir !
Frais et délicat comme cet arbre qui avait poussé],
Noé jugea que les eaux avaient baissé sur la terre."[xxiii]
La première planète créée dans le système solaire
Bijou d'amour, pour laquelle existe des dons et des cadeaux :
La graîne de l'olivier avait résisté à cette si lourde masse d'eau,
Durant tout ce temps,
Tous ces vents.
D. avait fait taire le lion du déluge,
Et l'olivier
Arbre nourricier
Symbolise dès lors le premier refuge
Pour la vie
Ressurgit,
Il donne lumière, de par son huile
Et fruits délicieux.
Et cet arbre immobile
Rendit le monde heureux.
Cet *"arbre de vie pour ceux qui s'en rendent maîtres :*

[et peuvent le connaître] :
S'y attacher,
C'est assurer la félicité."[xxiv]
Il faut apprendre à découvrir la maîtrise, dans et par l'amour,
Pour vivre avec le jour,
Pour l'accompagner
De tous côtés
Et ne jamais t'oublier,
Puisque tu es,
Mon soleil, mon ciel étoilé,
Le jour et la nuit, j'ai la joie de te contempler,
Tu poses ta vie,
Sur ma vie.
Tu connais ma porte,
Elle est toujours ouverte,
Puisque tu te comportes,
Avec dignité, douceur, et j'aime être couverte
Par toi,
Dans tes élans de mélancoliques lois.
Laisse-moi chanter avec les éclairs de ta royauté,
Ce serait pour moi, un honneur et une volupté.
Puisque tu es à la fois le jour et la nuit
Et qu'à chacun de ces instants tu donnes vies
Tu es l'homme le plus généreux
Et pour toi, je donnerai mes yeux,
En espérant simplement que cela t'aide à être heureux.

"Hakadosh Baroukh Hou"
A écouté, depuis ce jour les prières des Hommes, si doux
Lutter contre l'idôlatrie, la violence et l'esclavage,
Est le devoir de tout êtres sages,
Et tu es de ceux-là,
Vivant pour l'amour, la liberté, la joie.
Tu m'amènes devant mon océan,
Et j'entends ta voix dans le vent.
Et … il incombe aux êtres de connaître leur potentiel
Pour vivre dans la liberté, la joie d'existences très belles.
Mais être "juif" restera toujours un mystère
L'enfant ne connaît jamais son père
D'ancêtres en ancêtres,
Tous veillent sur l'être,
Conçu dans l'ouverture de la femme, pour ton amour,
Et qu'elle t'offre ses contours,
Pour que tu saches où poser tes mains,
À la recherche de mon écrin.
Tu es ma perle bleue
Une perle de feu.

Au jour d'aujourd'hui
J'aime un homme à l'infini.
Il est si beau que je le vois,
Comme un roi.
Qui attendait mélancolique de gouverner un peuple à aimer.

Cet homme est protégé
"Journellement, [...], on venait à David pour l'assister,
Au point qu'il eut un camp
Grand
Comme celui de Dieu."[xxv]
Le rêve : voire par ses yeux !
Lui porter la colombe jusqu'à ces secrets vœux.
Je rêve d'être sa colombe, sa femme …
Entre nous, pas le moindre drame.
Il faudrait qu'il m'insuffle le courage de lui ouvrir mes bras …
Je lui obéis, comme j'obéis à moi.
C'est lui qui toujours m'apprendra à éviter les faux pas,
Comme un instinct,
Je l'emmène voler dans un pays certain :
"Toute région que foulera la plante de votre pied,
Je vous la donne, ainsi que je l'ai déclaré
À Moïse."[xxvi]
Qui dans son peuple m'a admise.
Je fleurirai son âme,
En ai-je le droit, moi simple femme ?
Chaque jour je l'aime et l'aimerai
Pour que sa vie,
Et celle de ses amis,
Soient toujours le plus bel été
Dans la liberté,
De jouir d'un monde sans guerres.

Pour fraterniser,
Pour danser,
Sur toutes les musiques du monde.
La partition de la ronde,
De tous les humains
Main dans la main :
Les fusils jetés
Et jamais recyclés …

Au rythme lent,
Du soleil qui ramène le printemps
Et le royaume de David sera une terre
D'amour et de lumière.
À ses pieds s'endormiront
Les lions
Et je sais que ses bras, ses baisers,
Ses murmures ensoleillés
Sont depuis bien longtemps,
Tout ce que j'attends,
Enfin, je connais le bonheur !
La colombe qui roucoule dans mon cœur,
Mais cette colombe a besoin de se poser :
Penche ton visage vers moi,
Laisse-moi souffler en même temps que toi.
Que je puisse atteindre ta caresse qui me fait imploser,
Mon cœur franchit le mur du son

Dès que j'entends ton prénom
Et se remplit de l'énergie de Barouh'
Une dimension d'amour
Sacrée,
Parce que jamais altérée.

Il y a même des licornes pour te rappeller,
Que je vis dans ta lumière,
Ce que ton premier regard m'a offert
Une nuée tantôt lumineuse ou blanche
Vers laquelle notre joie s'épanche,
Tantôt sombre ou obscure, épaisse et lourde
À laquelle je ne serai jamais sourde.
Et je marche à tes côtés,
Le jour dans une colonne de nuée,
La nuit dans une colonne de feu.
Oui, tu peux te reposer
J'ai avec moi, le pain et le lait.
Des couvertures
De laines pures,
Que j'ai tissées dans la journée.
Pour que nos nuits d'amour soient presque aussi douces que
L'amour de Dieu,
Pour nous.
Pourquoi mon amour pour toi, est-il aussi fou ?
Je suis une femme heureuse,

Si tu es un roi heureux.
Ma vie est amoureuse,
Lorsque je sais qu'en toi souffle un peu de la puissance de Dieu.
Que tu es vivant,
Et innocent comme un enfant.
Et maintenant un homme valeureux.

Des licornes qui dansent autour de toi, quand tu es inquiet,
Je suis moi aussi capable de te protéger,
Et de t'emmener regarder le soleil se lever,
Les étoiles de la paix,
Suivent la trajectoire de ton amour,
Qui sourit devant mon amour.
Les ailes ouvertes, j'attends les fées,
Elles m'ont promises dans un rayon de soleil
Que si toutes les colombes se réunissaient,
De nouvelles merveilles
Iraient vers les cœurs blessés,
Tu pourrais les comprendre et leur chanter,
Les chants de tes rêves qui deviennent vrais.
Laisse-moi écrire les mots qui espèrent cette paix,
Et s'envoler l'oiseau blanc vers ta clarté.
La colombe est blanche et j'en suis moi aussi éclairée.
Elle s'envole de mon cœur,
À ton cœur.
Avec les millions de fleurs de tous ces peuples qui chantent

Ensemble, ou seuls dans leur tente.
Je t'envoie mon désir de paix,
Aussi fort que mon baiser.

Puisque dans tes yeux s'ouvrent l'univers
Tu es l'espoir de la terre.
J'entends, je vois tes vols au-dessus de la mer,
Jolie colombe, est-ce ta blancheur immaculée,
Est-ce ton chant universellement aimé,
Qui empêcha les larmes de Moshe de couler,
Devant Canaan, qu'il ne put que regarder, ?
Alors, il ferma les yeux
Et envoya sa vision au peuple hébreu,
Qui reçut, une terre d'amour et de lumière.
Cette terre est embrassée chaque fois que l'on y pose une pierre,
Chaque fois que l'on regarde une fleur.
Quelles furent les merveilles d'un soleil plein de ta vigueur ?
Source de force et de courage,
Chaque matin, je me lève avec ton visage,
Et comme la colombe s'envole,
Je m'envole,
Vers toi,
Et tu es toujours là.
Mon cœur bat la chamade ;
Nous ne serons pas toujours nomades.
Un jour nous pourrons déguster nos fruits,

Et regarder pousser la vie.
Les enfants des déserts
Seront les peuples de la terre,
Toujours inquiets,
De la dune qui vient après,
La première dune.
Surtout lorsque le soleil renvoie sa lumière à la lune.
Et je te rassure, je ne suis aucune de celles,
Qui mettra sur ta peau du sel
Je poserai sur ton corps des beaumes,
Je te chanterai des psaumes,
Et la colombe ne sera pas encore loin.
De nouveau tu pourras tendre la main,
Et caresser le ciel,
Tu n'auras pas besoin d'ailes,
Car ta force traverse tous les vents
Et chante sans peur du temps.
Tu es l'espérance qui se lève vivant.
Le premier enfant né sur Éretz, fut plein de ta poésie,
Le regard plein de mélancolie,
Il avait le monde à découvrir,
La vie,
L'avenir.
Et le matin lorsqu'il s'éveillait,
Il chantait avec la colombe qui se posait,
Sur son front,

Sans même connaître son prénom.
La colombe savait se faire colombelle,
Sa douceur était si belle,
Que personne jamais ne l'enfermera
Et pour cela je remercie Ea.
Et tous ceux qui lui donnent un peu d'eau
Des petits fruits, des graines, et la force de voler sur les flots,
C'est un être réel,
Qui a besoin de substances nutritionnelles.
Je l'aime, et je la regarde monter dans le ciel
Je l'aime offrir la fin des querelles.

Les artistes lui font honneur
Pablo Picasso, quatre ans après la plus cruelle des guerres,
Fête et rend hommage à la fin de l'horreur
The war is over ...
Les monstres jugés, dans le ciel et sur terre.
Le peintre dessine sur affiche une colombe, Paloma
Et les partisans de l'armistice-roi,
Organise un congrès de la paix
Dans un élan solidaire et spontané.
Par le mouvement mondial des justes
Se tenant à la salle Pleyel à Paris,
La victoire est celle des justes
Et des cent quatre vingt dix huit pays,
Et en Europe, sur le choix d'Aragon

L'affiche sera posée sur tous les murs de bêton …
En mille neuf cents cinquante cinq, lui est décerné
Un prix international de la paix.

La vague d'amour est lancée sur la planète,
Et désormais rien ne l'arrête :
Le vingt et un février mille neuf cents cinquante huit,
La campagne pour le désarmement nucléaire incite
Gérald Holton, un artiste qui œuvre pour la non-violence,
Le pacifisme. Puisqu'il connaît le sens,
De sa vie : laisser la terre respirer
L'homme et la femme s'aimer,
Sur une terre faite pour les oiseaux, leur liberté
Il est l'emblême de la paix.
Le roi David, poète et guerrier
Veut protéger cet amour qui tremble
Dans l'espace qui ressemble
À tous les rêves de la tribu de Juda,
À tous les rêves des enfants de Dieu-roi,
La colombe n'est pas toujours distinguable,
Parmi les nuées que D. mêle au sable.
L'enfant a le pouvoir de rire
Et la colombe crée peut-être quelque part un empire
Protégé par des colliers d'étoiles pour chaque enfant.
Personne ne sait où s'envolent les petits Peter Pan.
Ils ont les yeux si grands,

Ils continuent à jouer dans le vent.

Parfois, une simple branche verte est un symbole de paix
Puisqu'il a suffi que la colombe s'y pose une fois,
Et que chaque soir, je la caresse du bout des doigts,
Elle m'accompagne sur les arbres du ciel
Où j'aime chanter
Pour accompagner tes pas, tes étincelles
Je suis ton étoile, ton pays, plus qu'un rêve, je vais vers
La fenêtre de ta solitude, et je reste sur la voix des prières,
Pour t'apporter cette force dont tu as besoin,
Pour réussir ton destin …
Et j'y aurai posée ma main.
Je peux te donner tellement plus,
Et même encore plus …
Je veux juste que le soleil caresse et chasse tes doutes,
Je veux juste que tu écoutes,
Le chant de ma passion,
La colombe sauvera nos raisons
Ta force mentale grandit dans la course du temps,
Tu combats les géants,
Tu terrasses Goliath, donnant ainsi à ton peuple, transi
Une nouvelle joie, et la ferveur de croire,
En tes pouvoirs pour sauver la vie.
Une grande victoire :
Le roi David dit : "*Je le poursuivais,*

Je le terrassais, [...] ; alors il se jetait
Sur moi, [...] et [je] le frappais à mort."[xxvii]
Le roi David est un roi fort
Plus fort que la mort,
Béni parmi tous les rois …
Heureuse la femme qu'il tient dans ses bras.
Et qui chante en dansant à chacun de ses pas
Et qui veille aux mondes invisibles,
L'amour le rend invincible
Pour un temps indéfini,
Ce qui trouble ses ennemis
Le roi David quelquefois vole avec l'oiseau blanc
Et ensemble se parlent de l'océan.
Et à chacune de ces fois,
L'Éternel chante dans la joie.
Alors j'embrasse la colombe, pour que durant vos voyages,
Elle te parle de l'incroyable amour,
Que les sages,
M'offrent chaque jour.
Pour toi,
Le seul exploit
De ma vie.
T'aimer de mon infini à ton infini,
Là où trahir est interdit.
Je fais partie de ton peuple.
Et je pleure

Souvent pour ton cœur
Qui aurait peut-être préférer,
Rester berger.
Mais c'est là ton plus grand secret …
La colombe aime tous les peuples,
Car tous les peuples sont des peuples
Élus,
Qui renaissent après être vaincus.
Elle connaît toute l'histoire,
De ce que Dieu raconte tous les soirs.
De l'amour qui coule dans les rivières de ma vie,
Et qui grandit
Vers le baptême de Jésus
Devant l'esprit
De la colombe nue.

Elle envoie ses pensées aux combattants du Vietnam,
Elle ramène chaque homme à sa femme,
Elle soulève les poids qui pèsent sur ton âme,
Elle redonne vie,
Au moment même où tu crois être parti.
La colombe fait fuire l'esprit du mal,
Plus précisément,
La colombe dite "colombe diamant"
Au plumage bleu-ardoise, de cette blancheur mêlée à l'océan
Qui souffle sur les braises des étoiles,

Pour les ranimer,
Lorsque plus personne ne désire les regarder.
J'aimerai le vent du désert,
J'aimerai protéger tes mystères,
J'aimerai l'acropole et son olivier.
Et voire le temps s'arrêter,
Pour ne jamais cesser de t'aimer,
De t'embrasser,
De te faire aimer mes bras,
De t'aimer au-delà de l'au-delà
Je serai toujours là
Pour être la colombe qui pose la paix dans ton esprit,
Je chasserai tes insomnies,
Pour que tu puisses trouver la joie, chaque matin
Où je te tends mes mains,
Où tu ouvres tes yeux.
Sur un monde à nouveau heureux.
Malgré tout, malgré eux.
Les Hommes et les dieux se battent pour la terre
En Grèce antique, la déesse Athéna fit pousser l'arbre de lumière,
Un olivier sur l'acropole,
Et devint la protectrice d'Athènes.
Zeus attend plus que des paroles,
Il aime la fertilité, calme sereine.
Et cet olivier peut-être considéré comme le berceau de la colombe
Une nacelle sans aucune haine,

Elle détruit les bombes.
Poséidon resta plein de pouvoir sur lemonde des eaux,
Et ne tient pas rigueur à la déesse,
De la sagesse
La colombe a pour l'olivier une incroyable tendresse,
Elle, premier oiseau
Lui, premier arbre.
La stabilité et l'envol
En Grèce, ... l'acropole.
Construit parmi les fleurs et le marbre.

On retrouve la colombe dans les temps modernes
Sous la forme d'une flamme
Au tribunal de la Haye,
Justice, par excellence, elle réagit à tous les actes ternes,
La lumière retrouve son âme,
Toujours dans le cœur et la pensée.
Ce monument est entouré de pierres
Est une réponse de l'humanité,
Sans prières,
Avec des actes concrets
Comme un baiser enfin donné,
À une terre qui ne veut plus souffrir,
Et cela ne fait plus rire.
Alors on cherche des solutions,
On crée des chansons,

On propose ses sourires.
La justice est la plus belle femme qui existe,
Il faut qu'elle persiste,
Pour que tous les enfants du monde construisent ensemble,
Le plus bel avenir,
Regarde, leurs mains nouées tremblent,
Et leurs yeux brillent, et n'ont pas encore peur de mourir.
Nous devons tout faire pour les protéger,
Pour que la colombe vole dans leurs grands yeux émerveillés.
Puisque la colombe les laisse jouer en paix.
La gentillesse et l'innocence sont ancrées dans le vol de l'oiseau.
Et c'est magnifique, puisque l'Homme aime ce qui est haut,
Dans le cœur,
Et aide à trouver le bonheur.
Toi
Qui existe toutes les fois,
Où mon esprit
Recherche la vie.
Et c'est ton amour qui apparaît
Dans tout mon être, avec nos fées,
Avec lesquelles par amour, tu as appris à chanter,
Dès lors éclaire mes yeux
Et s'ouvre sur ce que j'ai de plus précieux
Ta vie,
Que mon cœur petit à petit a compris,
Tu as des rêves de génie,

Et cette intelligence d'amour pour moi …
Pourquoi moi ?
Si je respecte les Sourates, les Écritures, c'est pour aimer ce soleil
Qui vit constamment dans mon éveil …
Alors je peux regarder ton sourire briller
Puisque vivre pour toi, c'est être fort et gai.
J'apprends,
Doucement,
Que dans une vie, il ne faut jamais faire semblant,
Et qu'il faut coordonner sa pensée
À toutes les idées,
Qui font du bien.
Et allumer son instinct,
Pour regarder la colombe s'envoler loin,
Sachant qu'elle revient.
Je suis comme cet oiseau blanc,
Je reviens toujours dans ton cœur transparent,
Et je fais abstraction de ma souffrance
Pour le parfum de toutes les chances
Que le destin t'apporte et lie à mon espérance.
Je cherchais un homme et j'ai trouvé un roi,
Dont la Bible parle tout le temps,
Que mon âme aime profondément,
Si profond que je ne sais pas
La dimension de ton intelligence, de ta beauté
Qui me fait pleurer

D'une émotion encore plus forte que l'amour.
Et j'attends ce jour,
Où je te reverrai
Où je marierai tes rêves à ma réalité.
Sentir ton être physique et mental
M'apporter l'étoile
De la plus tremblante joie.
Tu pourras me dire certains soucis de ta vie de roi.
Et je boirai tes paroles comme le miel le plus rare,
Ce nectar
Qui coule en toi
Sur les fleurs de mes doigts.
Chacun de tes gestes est un composé de lilas,
Qui ne se faneront pas.
Tu portes des légendes bibliques
Pour ce Dieu unique
Qui a voulu que toi et moi, un jour nous nous rencontrions
Et ne nous séparerons.
Tu es la vague qui rejoint la plage,
Je veux être ton visage
Et chaque matin, c'est un mariage
Avec le bonheur.
Qui fait si chaud au cœur.
Je veux m'endormir avec toi,
Chanter les oiseaux qui vont au bois,
Fêter toutes les fées,

Qui sourient devant ta pureté,
L'excellence de ta bonté.
Tout ce que tu fais, tu le fais
Et je vois le ciel se remplir,
De ta raison, de tes délires,
Lorsque le vin de la vie est trop bon.
Même la terre te présente ses félicitations.
Peut-être un jour boiras-tu les vignes de mon corps …
Et que tu choisiras de m'aimer encore.
La colombe t'emmène sur tes baisers,
Et cette force me fait rencontrer des sages dans la nuit
Dans un instant bref, toute la vie.
Nous partageons les mêmes vérités,
À la recherche de l'honnêteté
Qui se condenserait dans l'universalité,
Et tu deviendrais,
Roi du pays de la colombe qui ne vole que pour toi.
Parce que ton esprit s'amplifie de joie,
À chaque instant ou une belle âme pense à toi.
Je t'aime aussi pour le respect,
De toutes les beautés,
Que pour toi je vais chercher,
Et pose à tes pieds.
La terre sainte dans tous ses murmures veut rester ton mystère,
Car toi et mon souffle choisissont : le jardin, l'arche et le temple
Il n'existe pas de trésors plus amples,

Et pourtant la colombe ne demande qu'un peu d'eau
Pour mieux voire le soleil,
Puisqu'il est l'astre qui réchauffe les flots,
Et qui donne vie aux abeilles.
Ce miel et cette douceur sont pour tout tes jours de vie,
Je suis après ta mère, la femme la plus heureuse puisque tu es ici
Au pays qui porte mon respect et ma folie.
Laissez-moi voler le temps d'une existence
Pour savourer toutes les nuances
De l'amour que tu as appris parmi les plus beaux yeux,
Comment puis-je te rendre plus heureux ?
Je sais parler au feu,
Pour adoucir ton cœur langoureux.
Ton bonheur
Est plus important que mon désir de t'aimer jusqu'à l'extrême,
Je t'aime, comme une femme aime
J'ouvre mes ailes sur toi,
Et j'espère tout bas.
Ton bonheur …
Est la seule fleur,
Que l'on ne peut extraire du sol,
Et que les licornes aiment regarder
Et se rouler dedans,
Car elles ne font que ce qu'elles aiment.
Au sein de tous les lieux sacrés, comme Jérusalem.
Et si je connais certaines paroles

La colombe les porte à ta volonté
Ta volonté est comme le vent, l'océan
Se pliera-t'elle un jour,
Devant mon amour ?
Un amour plus beau que celui de mes dix sept ans …
Qui m'a laissée pour le pays du soleil levant,
J'y ai laissé trop de larmes, et toi tu me fais à nouveau exister,
Et j'ai à nouveau envie de chanter,
De danser
D'aller chercher et chercher encore,
Ton amour plus fort que l'or.
Ma substance vitale,
Qui ne te fera jamais mal.
Puisque tu es un homme qui comprend,
Qui voit,
Qui sent.
Tu n'es plus un enfant.
Je suis là,
Et tu le sais.
Combien de temps me faudra-t'il t'espérer ?
Laisse-moi être ta légende de bonheur
Entourer de coton ton cœur,
Et de sa fleur,
Te vêtir de ta couronne à tes sandales
Pour que là où tu ailles tu ne sentes que la douceur,
Et que faire la guerre,

Si un jour il faut la faire,
Ne te fasse pas mal.

Il existe une légende du Japon, qui porte elle aussi bonheur,
Elle s'appelle *La légende des mille grues*
Ou senbazuru,
C'est une création à partir de papier où nos doigts sont le cœur,
Simplement, ce n'est pas une épreuve tous peuvent la réaliser
Riches ou pauvres, ce sont surtout les enfants qui la crée
Pour réaliser le début de leur liberté de rêver ...
Sans vraiment savoir ce que peut être un rêve sur cette terre,
Rêver à un mot magique qui immédiatement arrêterait la guerre ...
Les enfants font cependant des vœux de santé,
De longévité,
D'amour et de bonheur.
Construire sa douceur ...
Tu fais l'un de ces vœux, et le deuxième suit :
Telle semble être la magie de la vie.
Si tu as la santé,
Tu auras la longévité
Et rappelle-toi toute ta vie que l'amour conduit au bonheur,
Surtout les fées si gentilles qui connaissent ton cœur,
La sincérité de chacune de nos actions,
Dans le ciel du Japon,
On émet des souhaits pour soi,
Et pour célébrer les festivités des grandes joies :

La naissance d'un enfant,
Le mariage de deux amants ;
La santé d'un enfant,
L'amour qui unit deux êtres,
Qui ne cherchent qu'à transparaître
L'un pour l'autre
Donner des fleurs, des mots, du respect à notre
Choix d'existence.
Ta vie est ma plus belle chance :
C'est un départ vers l'union du bonheur et de la vie
Chanter ensemble dans les prairies,
Loin de leurs bruits.
Dire oui à la vie,
C'est aspirer au bonheur.
Faire vibrer son cœur.
Recevoir des fleurs.
Construire une nouvelle arche pour sauver à nouveau la vie,
Je me lèverai pour écouter la prophétesse Débora,
Celle qui rend la justice sous un palmier entre Rama,
Et Béthel. Elle a une voix si jolie
Qu'en l'écoutant, l'avenir devient bleu,
Comme les cieux.

La colombe japonaise est une grue, cendrée, royale, de paradis
La grue royale est la plus lourde,
Et la grue du paradis est la plus longue,

Laisse-moi, partager et accomplir tes vœux pour toute ta vie,
Que ma poésie dont tu es la réponse jamais sourde
Pose sur tes yeux cette lumière oblong.
La guirlande des mille grues est devenue un symbole
Mondial de la paix,
Dans des temples asiatiques sans paroles,
Des milliers d'oiseaux de papier,
Qui sont posés dans les temples à Tokyo ou Hiroshima.
Pour commémorer la frappe nucléaire du six et neuf août
De la même année que la dernière guerre mondiale,
Qui planta ces fleurs du mal ?
Mille neuf cents quarante cinq. Pourquoi D. a-t'il mis sur la route,
Des folies humaines meurtrières comme la shoa,
Comme la bombe A. ?

Survivante des bombardements atomiques s'appelle hibakusha,
Les radiations furent-elles aussi prévues par Einstein ?
Un savant fou, qui ne voulait pas ?
Une intelligence aveugle, sans haine.
Un génie pour qui
"La vérité religieuse ne signifie
Rien [...]."[3]
Et pourtant il n'a cessé d'explorer l'incertain
Peut-être son agnostie était pour lui le seul salut ?

---

[3] Hans Albert Einstein, interview pour Kaizo 5 n°2, le 14 Décembre 1922 (Ideas ard opinions) p.261, New quotable, p.194

Les paradoxes sous son esprit devenaient
Des paysages nus,
Dans lesquels il s'imaginait,
Comme la seule corrélation entre les vérités.
Son inconscient dominait-il sa conscience ?
Pourquoi n'a t'il pas fait silence ?
Il est vrai que l'accouchement d'une trouvaille
Donne toujours envie d'ouvrir les murailles,
De la connaissance universelle,
Universelle ?... certains l'utilisent sans tourterelle
Dans leur cœur.

Pour lui *"le mot progrès n'aura aucun sens tant qu'il y aura*
Des enfants malheureux"[4],
N'était-il pas encore cet enfant éternel, qui jouait avec les atomes
Comme l'enfant joue avec les gnomes.
Ces créatures populaires,
Qui mettaient du bleu dans l'air
Des grottes cachées,
Pour mieux faire jouer
Les enfants qui ne sentent que la vie.

Pourtant le mot progrès se veut significatif et donne des résultats,
Telle est la victoire de l'infini sur le temps sans exploit.

---

[4] Albert Einstein, discours et entretiens (1879-1955) citations n° 20708

Le progrès ne rend pas forcément heureux.
Dieu a volontairement perdu la règle du jeu,
Pour être mieux écouté et réalisé le seul défi
De l'Homme
Face à l'Homme
Sauver des vies !
C'est la condition aléatoire de la science.
Les génies se mobilisent devant le mystère de la vie,
Ils lui apportent leur providence :
La fête des enfants, le cinq mai mille neuf cents cinquante huit,
Est un monument sur lequel est inscrite
L'inscription : *"ceci est notre cri,*
Ceci est notre prière, pour construire la paix dans le monde,"[5] fleur
Qui au bord de la vie, propose la survie
Le monument de la paix des enfants se trouve à Hiroshima
Dans le parc du mémorial de la paix, qui redonne foi au bonheur,
Certains artistes Japonais ont créé pour cela :
Pour signifier leur souhait d'un monde sans bombe A.
Ce sont des artistes Japonais
Kazua Kikuchi et Kioshi Ikebe.
Il existe au pays du soleil levant,
Une fête pour les enfants,
Kodomo no hi signifie journée des enfants
Est un jour de recueillement,

---

[5] https : //fr.wikipedia.org/wiki/Sadako_Sasaki

Le cinq mai mille neuf cents quarante huit
Tous les shogun ont mis au service de ce rite,
La purification des barbares,
Par des guerriers au service de l'espoir.
Le monde pourrait être si beau.
Cette merveille mérite tout ce qu'il faut
Des ripostes d'artistes, de philosophes ou de guerriers
Guerroyer
Ou créer,
Mais en tout cas réagir
Pour un premier avenir,
Où seront respectés chaque jour.
Le monde ne pourra survivre que si on lui donne de l'amour
Quel impact auront mes mots dans le futur
Ma progéniture ?
Inspirée par l'immense amour que je ressens pour toi,
Tu es le guerrier, l'enfant et sans doute tu as été roi,
Ce melek à l'allure troublante,
Qui rend les mers et les vagues tremblantes
Et ton regard soulève le soleil si haut,
Que tu laisses passer Dieu incognito,
Vous êtes unis par l'alliance, cet arc-en-ciel
Qui est devenu le drapeau de la paix
Qui à Perugia en Italie est devenu un symbole réel,
Créé par le pacifiste et philosophe Aldo Capitini
En réponse aux drapeaux multicolores Anglais

Pendant les manifestations contre l'extinction de l'infini,
Oui, la terre a le droit de grandir,
Et de se prénommer terre d'amour,
Sinon, pourquoi y aurait-il,
Des fleurs sur les îles ?
Des océans ivres de jour ?
Le drapeau de Capitini a une couleur supplémentaire :
Le blanc, de la colombe de la paix
Y est écrit Pace …,
En mille neuf cents soixante et un, hier …
Par la magie du prisme, à la blanche lumière de la vérité
Le blanc qui n'est pas une couleur,
Apporte et veut apporter tout le bonheur
La sclère de tous les yeux est blanche,
Tous les hommes pourraient avoir le même regard
S'il n'était pas nécessaire de chercher revanche,
Je suis blanche, tu es jaune, rouge ou noir(e),
La paix est aussi pour toi.
Regarde-moi,
Souris-moi,
J'ai des foisons d'amour à t'apporter …
Et j'ai besoin de te les donner :
"Rends hommage au soleil de la paix qui se lève
[Continue jusqu'au bout ton rêve]
Garde entre eux les nuages de la guerre :
Unis tes bannières,

Ô mon frère.
Dans l'arc-en-ciel du monde"[6].
Chante pour toi chaque seconde,
Cet hymne qui supplante
La douleur,
Et la lumière universelle, crée la radieuse entente,
Puisque chaque être a besoin de douceur.
Cette anthropologue, poète est innue : être humain
Elle a croisé de nombreux langages, de nombreux chemins.
Dieu sourit tous les matins au monde,
Et laisse entrer les licornes dans la ronde
Pour encourager sa créature la plus intelligente et douce
À caresser tes cheveux, ta peau où poussent,
Les fleurs et les odeurs qui pigmentent ta peau
Ne définissent pas le héros !
Ta différence,
Est notre chance.
Te donner ce que tu ne connais pas,
Te porter à bout de bras
Pour que tu aimes l'exactitude de ton cœur
Je découvrirai, alors moi aussi la multiplicité du bonheur.
Je refuse de tuer,
Je t'apporte le fusil brisé
Lors des rencontres de Bilthoven, au Pays-Bas

---

[6] Joséphine DE. Bacon https: //www.cairn.info/load_pdf.php?download=1&ID_ARTICLE=RI_155_0103

Ici, comme là où tu seras ;
Elle est connue sur le plan international sous le nom anglais
War resister's international
Trois ans après la première guerre mondiale,
D'abord appelée "Paco",
En esperanto
Aujourd'hui le monde n'a jamais autant espéré,
Et j'envoie des millions de baisers
À tous ceux qui veulent la solidarité,
D'amour.
Puisque je suis née sous l'étoile de ce jour,
J'ai le bonheur de n'avoir jamais connu la guerre,
Mais savoir que tu en as souffert,
Éveille en moi, un sentiment de protection,
Puisque je t'aime sans condition
À ma façon.
Je rêve d'une bombe d'amour,
Qui exploserait en milliers de fleurs,
En milliers de jours,
De liberté et de bonheur
Mimizrah chémech ad mévoho,
Pour penser à ton cœur et y trouver le monde beau
Tu portes en toi, le rire des rivières,
Les éclaircies des clairières
(Où l'homme et la femme aiment s'aimer)
Tu portes en toi, l'infini des océans,

Le premier jour d'un enfant
Les plus belles nuits de deux êtres faits pour s'adorer,
Se compléter :
Vivre en respirant l'autre, par le parfum de sa vie,
Lui offrir chaque instant jusqu'à nos temps infinis.
Et si tout cela est possible c'est grace en partie
À l'IRG : l'information routing group,
Puissant comme un cheval sur lequel on monte à la croupe
Qui se reconnaît dans la non-violence :
Sur une terre de fleurs qui dansent.
Principe des religions chrétiennes,
Indiennes,
Et d'une certaine philosophie qui coupe,
Les liens avec l'absolutisme,
Le fanatisme,
Le racisme
L'indifférence.
Faites que l'homme utilise sa connaissance
Pour la tranquillité et la dignité,
Retrouvées dans un sourire à nouveau éclairé
De chacun,
Il faut bien choisir la main
Que l'on tient.
Parfois j'ai l'impression que tu es dans mon mental
Et que tu sais de mon espoir, chaque étoile.
Les anges rêvent de cette paix,

Qui te fait vibrer
Puisque tu es issu de l'immensité,
Dans laquelle l'univers se balade,
Nous emmène(s) en promenade
Et c'est toi qui en tient la carte,
Le roi de cœur qui écarte
Les tricheurs
Pour le plus grand bonheur
Du roi étoilé
Sur le dessus du paquet.

Ah si la beauté pouvait voler
Jusqu'à tes rêves de liberté,
Tu auras ouvert les portes de ta perception,
Et l'amour t'apparaîtra comme l'espoir de toutes les chansons,
Viens, je t'emmène dans mes forêts bleues,
Une forêt où le monde est heureux,
Où tu peux compter les étoiles avec tes yeux,
Et les laisser venir en toi,
Comme un homme qui voit,
Dans les cieux, le visage de sa bien-aimée,
Dessinée par les étoiles pour obéir à ta clarté.
Car tu es la lumière vers laquelle le monde veut se reposer.
Le ciel ne te trahira jamais,
Puisque chaque nuit, je vole vers ton pays
Avec des couleurs de printemps de nuit,

Chaque jour, je veux te donner vie,
Tu es au plus profond de moi,
Ce que personne n'atteindra.
Je soigne ton âme de génie blessé,
Les étoiles n'auront pas fini de s'incliner,
De pencher sur toi l'évidence d'un amour absolu,
Dans le firmament,
Nous sommes au même rang,
Et sur la terre à la même tribu,
J'admire ta liberté,
Ta joie d'être aimé,
D'un amour sans la moindre parcelle de violence,
Je respecte ces silences de ton existence,
Je franchis en volant dans tes bras les murs du son,
Tu me donnes réflexion,
Et toutes mes questions,
Aboutissent à la même équation :
"Soit a un succès dans la vie.
[La vie étant infinie]
Alors a=x+y+z, où x=travailler,
y=s'amuser
z=se taire"[7]
Sauf pour condamner la guerre.
Pour le poète, le travail peut être un argument,

---

[7] citation-celebre.leparisien.fr/citations/56209

Et se taire, devient un moment d'observation,
Sans jugement,
Parfois dans l'admiration,
Mais jamais dans la soumission.
Le jugement vient de Dieu :
Nous sommes comme des livres sous ses yeux.
Ouvrage de législation religieuse, parsemé de leçons d'éthique
Nous sommes des créatures obliques,
Tu peux être un ish tsadik
Et te relever lorsque tu crains de devenir vieux,
Le temps laisse ses traces sur le corps,
Mais il a procuré à l'Homme, l'or
De l'expérience, ou
L'or du génie,
Venue comme une fleur exceptionnellement bénie.
Et qui n'a de fou,
Que cette inspiration qui s'écoule sous une cascade de fleurs
Qui résiste à ces soleils venus d'ailleurs.
Je voudrais avoir ton génie, ô toi,
Mon roi.
Quand cessera le combat ?
Je suis une femme et mes bras
Ne servent qu'à ton repos
Je suis comme un ilôt
Dans une mer déchainée.
Moi aussi j'ai peur,

Quand je te vois au labeur,
Mais je sais que tu es toujours vainqueur !
Tu m'offres de si grands bonheurs,
Que lorsque tu me touches, je ressens la création du monde,
La vibration de toutes les secondes.
Le temps ne se compte plus en heures,
Mais en instant de création,
Et l'Homme pose la question
Pourquoi as-tu créé pour moi l'amour ?
Pour que mes pensées aillent vers toi, et la nuit, et le jour ?
Savais-tu que je te répondrai d'un amour si fort ?
Tu devines les sources de bonheur
Je te présente chaque instant mon cœur,
Il tambourine à ta porte pour bien des années encore,
Et nous deviendrons de plus en plus sensibles, amoureux.
Nous nous préservons en aimant la terre bleue.
Je suis immensément honorée de sentir,
Quelquefois ce désir,
Qui fait de moi, une femme non fière, mais juste heureuse
La sensation d'amour est merveilleuse.
Et quand je pense à tes bras, mon cœur arrose tes fleurs écloses,
Dans le matin et j'attends d'entendre avec toi Tekia,
Tu es tous les jours la première joie,
Jusqu'à ce que je m'allonge pour rêver de toi
Puisque tu es cette force qui aime et combat
Je ne sais qu'aimer,

Et le vent me bouscule, dans des sentiers où parfois j'ai mal
Mais Malakhim me rapproche bien vite de cette étoile,
Unique, territoire où nous louangerons l'éternité
Merci de m'avoir conduite jusqu'à ton rivage.
De tout l'univers, l'endroit où se trouvent les vagues du courage.
Notre étoile se reflète claire, lorsque nous nous regardons
Et se transforme en brasier, lorsque nous nous embrassons.
Lorsque je suis avec toi, je pénètre beth hamikdash,
Et tu me montres comment fuir le serpent qui crache.

Moïse, Moshé rabénou est un précurseur de Solon ou Lycurge
Il crée le pouvoir pour le peuple, la liberté de penser
Le surveille, car il est démiurge
Les patriarches ont réinventé,
La pensée de Dieu.
Une pensée pour rendre nos jours heureux
Et leurs existences consistent à valoriser l'humanité :
La parole divine
Peut être accessible à toute personne
Quelque soit son origine
Son langage et les chansons qu'il entonne,
Les cuivres et les tambours
Pour glorifier l'amour.
C'est mon soleil d'or rouge,
Qui danse et bouge,
Sur ton chemin,

Prends-moi la main.
Je te la donne volontiers,
Puisqu'aux bords de tes lèvres, règnent la paix.
Tes mots sont une solution,
Ils savent répondre à toutes les questions
J'ai de la chance d'être aimée par un homme si bon,
Je voudrais être l'artiste de ta vie
La raison de ta force et de ta survie.
Chez moi, le temps coule paisiblement,
Dans le soleil innocent,
Qui ne fait que t'attendre tout le temps,
Ma maison depuis toi a une âme,
Pour sauver l'amour que la terre garde comme une flamme
Que même les sanglots des anges ne sauraient convoiter
Et emmener
Dans le combat du feu et de l'eau,
Ton amour est le seul héros,
Pour qui mon cœur accepte d'être vivant,
Sans toi, je ne serais qu'un corps,
Et j'attendrai que tu chantes encore.
Avec toi je vais lentement,
Je vais doucement, tendrement
Te rassurer chaque matin,
Oui, je suis en vie
Et c'est toujours vers toi que je viens,
Parce que mon amour pour toi est tous les jours aujourd'hui.

Doux et puissant,
Tu me surprends,
Mes yeux te sentent, mais je ne suis qu'une femme,
Ton regard si chaud ranime mon âme,
Qui durant la nuit, sans toi,
Est un rêve de toi.
Les rêves doivent toujours être écoutés,
Mais je t'en prie aide-moi à t'aimer.
Je ne cesse de penser,
À ta lumière étalée
Sur mon corps,
Plus douce et plus belle qu'une fleur d'été,
Tu es l'homme que je veux sentir vibrer encore,
Sur notre terre, dans tes étoiles et dans la galaxie,
Tu es ma colombe d'énergie,
Tu me donnes plus que la paix,
Tu me promets l'envie d'exister,
Pour apprendre à te respecter,
Et je veux bien te parler,
D'Érasme, qui en mille cinq cents quinze traduit la Bible sacrée.
Mais qu'en avait-il retenu ?
Avait-il perçu le texte dans sa simplicité
Et sa complexité,
Nue ?
La Bible a autant de significations, qu'il y a de temps
Elle appartient à tous les instants

Où l'Homme cherche la vie de l'humanité
Mendiant de la moindre parcelle de vérité.
Qui n'est que la vérité de ton cœur,
Que Dieu finira par exaucer dans des moments de bonheur.
L'humanisme est intemporel
Lutte contre l'ignorance
En diffusant le patrimoine culturel,
À la plus basse, comme la plus haute instance,
En murmurant en filigranne l'éthique religieuse,
Mais pour me rendre heureuse,
J'ai juste besoin de sentir ta force d'homme d'une bonté
Qui prend le temps de s'arrêter et de relever,
L'être blessé et le guider sur les sentiers
De la dignité :
Ne plus courber le cou,
Ne plus essayer d'avancer à genoux.
Ton courage donne soif de liberté,
Et l'envie d'aimer,
Avec toute la puissance imprévisible de la vie.
Laisse-moi te faire croire à un paradis,
Pour que tu comprennes cet amour dans toute sa dimension
Qui me fait voyager dans une exaltation,
Dont tu connais tous les rayonnements,
De ta couronne invisible au pervers,
Je vois tes yeux si brillants,
Que je me réfugie dans ta lumière …

Apprendre en t'aimant,
Admirer ton sourire, lorsque tu comprends,
Et entrer en douceur dans ton esprit,
Comme on entre dans le plus beau pays.
En respectant ton passé, et en te conduisant
Vers le présent,
Te promettre un futur où tu auras ta place
Où mon amour pour toi, fera fondre la glace,
Et ressurgir dans tes yeux, la première image
Qui t'a donné du plaisir, le voyage
Vers ce monde qui a voulu le bonheur,
De l'amour physique avec un être de cœur,
Refuser l'orgueil de l'homme qui se croit fort
Parce qu'il est entré dans mon corps.
Si un jour, tu rallumes la lumière
Si un jour, tu déclares la guerre à l'homme qui viole,
L'Homme qui ment, qui persécute, qui vole.
Et que tu viens en moi, comme dans une terre,
Dont la seule richesse est l'innocence,
Et la confiance,
Alors j'aurai comme aujourd'hui
Envie d'être un foyer de chaleur dans ta vie.
Envie de croire chacune de tes paroles,
Tu es l'Homme doux qui passe et frôle
Comme un baume,
Un psaume,

Que tu ne chanteras,
Que pour moi
Et je franchirai les montagnes de peur,
Et j'irai courir sur les plages du monde entier
Pieds nus, dans l'écume salée,
Comme une statue, que l'eau aurait
Inondée des forces les plus ancestrales.
Et parmi lesquelles mon père aurait glissé une étoile,
Ton étoile.
Acceptes-tu d'être mon étoile ?
De me laisser aller sur le grand cheval
Qui me conduit droit dans tes bras !
Blottie dans tes bras :
Mon seul abri,
Mon premier et dernier paradis
Je te vois autour de l'arbre, au pied duquel je suis endormie
C'est étrange, je ressens des ondulations d'amour.
Et ce sommeil me plonge dans tes jours,
Dans tes nuits.
Je ne suis plus seule à combattre le dragon,
Je me suis éveillée pour défendre ma révélation
D'être encore aimée par toi,
Qui entends ma voix,
Qui réchauffe mes doigts dans le froid,
Juste en me parlant du soleil de là-bas.

Ce soleil Spinoza s'en est approché,
Lorsqu'il écrivit le traité théologico-politique
Pour laisser les Hommes philosopher,
Et faire de la raison une affirmation identique,
À la liberté,
À cet instant où je t'ai rencontré,
Ma vie est devenue un océan de toi, sacrée.
Indépendemment de quoi que ce soit,
Je découvre ta majesté de roi,
Mais aussi la découverte de l'éthique biblique,
Ta puissance féérique,
Et défendre la liberté d'opinion de la Hollande,
Cette liberté si grande,
Qu'est la défense de ses opinions,
Utiliser toutes ses capacités de réflexion,
Et connaître tous les prénoms
Qui ne touchent aux fruits de l'arbre
Que pour donner vie aux statues de marbre.
Puisque le monde est plein de pensées
Qui veulent toutes avoir accès à cet absolu que l'on nomme vérité.
Aussi sûr que je vis,
Je t'aime, tu es l'océan qui resplendit,
Et dans lequel j'ai trouvé une naissance,
Une enfance,
Une adolescence,
Et mon père le silence.

La pudeur d'un Homme accusé
D'avoir toujours eut envie de gagner
Et de faire des fêtes pour combler les mystères,
De tout ce qu'il a découvert
Il a lui aussi frôler les rivages de la folie.
Il avait juste besoin d'un ami,
Et sur sa tombe, j'ai déposé un poème,
Peut-être saura-t'il à quel point je l'aime.
Il m'a appris le rire et la joie,
Les deux sont des sensations intérieures :
Le rire s'entend comme un bouquet de fleurs,
La joie se voit.
Chaque jour où je suis heureuse,
Je te souris
Et cela me rend encore plus heureuse,
Parce que je sais que tu es militant de la vie.
Et la vie pour toi,
C'est un condensé de victoires et d'énergie.
Tant que ma vie sera là,
Je ne t'abandonnerai pas :
Je ne comprends pas totalement,
Pourquoi je t'aime tellement …
Et toi m'aimes-tu autant ?
C'est la première fois que j'aime à ce degré de vent si puissant.
J'aime travailler, même si c'est sans salaire,
Je travaille depuis toutes ces années pour que les êtres espèrent

Lire à travers ces mots,
Exactement ce qu'ils trouvent beau.
Oui, la terre est belle
Quand je vois l'amour dans tes prunelles,
Tes yeux parfois cachent ton sourire
Et je rêve d'un avenir,
Proche où les vipères,
Retourneront dans leur monde de poussière,
Où tes bras seront au service de l'amour que tu as choisi
Une femme, un combat, des amis
Tu as appris le monde et l'histoire,
Et chaque soir,
Je veux que tes rêves soient doux et colorés,
Que tu sentes mes baisers
Que tu avances de plus en plus près
De moi,
Pour comprendre le monde de la femme, quand elle a froid,
Quand elle a peur, et qu'elle a besoin de ton sourire
Pour te le dire.
Il y a tellement de choses que tu ne sais pas,
Et que te dirai si un jour tu me serres dans tes bras.
Je n'ai que mon esprit
Et mon espoir réunis,
Pour oublier
La méchanceté.
Alors elle se rappelle de la philosophie

Pour certains esprits,
Elle commence avec Philon d'Alexandrie,
Avant c'est de la philosophie "antique."
La plus belle est Le cantique des cantiques.
Glorifiant l'amour et la vie qui alternent
Et la vie, en ce jour, ne sera pas terne,
Puisque de toi,
À moi.
Comme si ce chant réexistait jour après jour
Depuis qu'est né l'amour.
Les écritures le disent avec des mots
Mais cette continuité qui est totalement intemporelle
Est un chemin essentiel.
L'humain a besoin d'entendre des sons autour de son ciel.
Ils sont chantés par quel oiseau ?
Celui que le roi David a choisi parmi tous les animaux,
Car, l'oiseau parle tous les langages de la beauté.
J'entends ce chant dans mes rêves, ceux de mon éternité
Salomon savait-il à quel point son père aimait ?
Et ce chant préexistait dans le ciel
Comme il l'avait fait pour l'alliance éternelle,
Le grand roi Salomon traduisit ce qui lui venait du ciel.
Et mes nuits sont pleines de musiques célestes,
Que tu aimes alors tu te couches sous le ciel et tu restes,
L'espace entier te parle de mon cœur qui chante
Les mots que tu enchantes,

Qui transportent ma vie
Et qui font la poésie
De mes nuits.
"[...] un désir satisfait est un arbre de vie."[xxviii]

Ainsi la colombe et tous les autres oiseaux merveilleux,
Peuplent mes rêves des arbres du Dieu
Ces arbres dont tu caresses l'écorce,
Avec ces mains qui appellent la force,
Et cette force passe de mon sang au soleil
Dans un élan de joie et de merveilles.

Comme la plupart des animaux ailés
On a pu dire que la colombe représentait,
La sublimation de l'instinct et de l'Éros physique et mental
Dans la pureté et la simplicité de l'étoile,
Que personne ne découvrira jamais,
Mais que mon amour porte pour que tu crois à ces fées
Qui se laissent mourir, si elles n'entendent plus de bravos,
Je leur dis : oui, j'aime me promener avec vous là-haut
Et je joins mes mains plusieurs fois,
Comme une prière,
Pour aujourd'hui, pour hier.
Pour que tu conserves l'éclat
Éternel de ta beauté, de ton sourire, de tout ce que je ne vois pas.
Les fées me parlent de paix, d'harmonie, d'espoir, de bonheur

Tout ce que la vie t'a donné avec joie et honneur.
Je souhaite que tes existences soient couvertes de fleurs
Et que mon amour te reconnaisse à ton parfum,
La dernière trace de nos chemins.
Avec laquelle je m'endors,
Et je vois alors, tes yeux briller comme un nuage d'or.
Là où la colombe te reflète nos âmes unies,
Ce reflet qui te parle de nos vies,
Respectueuses et bénies.
C'est pour cela que personne ne peut te mentir,
En même temps que Dieu, tu respires,
Et nos souffles font voler la lumière
D'un bout à l'autre de la terre
Tu es mon accomplissement amoureux,
La joie d'être toujours heureux,
Lorsque je pense à tout ce que tu crées.
Il est probable que ta mère soit un ange, une fée,
Je prie pour qu'elle nous autorise à nous aimer :
Je l'embrasse et la remercie
De t'avoir porté à la vie.
La colombe c'est ce qu'il y a d'impérissable
Le principe immortel de l'âme.
Insécable
Comme un rempart de flammes.
Tu es semblable au brasier de mon cœur
Fragile, lumineux, fort et toujours meilleur.

Qui fait reculer le lion
Car il entend ta voix en arrière fond.
C'est vrai, entendre ta voie,
Est pour moi, une source de vie et de joie,
Et j'ai besoin de rêver de toi.
Parce que tu es toi, extraordinaire,
Je ne ferai pas marche arrière
J'irai vers toi, vers la mer.
Le cœur et le corps ouverts,
À ta si douce lumière.
Ta bouche est la source de ma chanson,
Et tu voles avec mes oiseaux jusqu'à l'horizon,
Je te vois au bout de l'océan,
Avec la colombe traverser le vent.
Tu joues comme un enfant,
Et quand tu te bats, tu es le plus puissant,
C'est toi qui porte la colombe dans tes bras,
Lorsque l'espace te semble loin de moi.
Mon espace s'appelle purisme,
Le tien prisme
À tes variations ouvertes de nuances
Tu aimes la candeur, l'honnêteté, l'innocence.
Sans lesquelles il ne pourrait y avoir d'intelligence,
Il te suffit de sentir
Mes yeux s'ouvrir
Pour que nous sentions,

Ce besoin entre nous de fusion.
Et entre nous sera l'amour éternel,
Puisque la colombe nous est familère et fidèle.
Dans le cantique des cantiques, la colombe est une femme
Ainsi amour aurait-il deux âmes ?
À t'offrir…
Celui de l'oiseau et celui de mon sourire.
Les deux dansent et t'accompagnent tout le temps,
Pour que ta route soit mélodieuse et toi : l'amant
De ces fractions de secondes que nous offre la vie :
Comme un cadeau de vive énergie ;
Dans le ciel bleu,
Dont tous les hommes sont amoureux.
"L'Éternel fait mourir et fait vivre ;
Il précipite au tombeau, et en retire."[xxix]
Je ne veux pas mourir,
Je veux entendre tes rires
Pour te suivre,
Près de toi, vivre.
Pour que toi aussi tu entendes mes rires.
Nous formerons la plus belle symphonie,
Qui atteindra des cieux infinis.
Marc Chagall évoque souvent l'âme des violons,
Pour nous éloigner des lois de la gravitation
Et nous laisser vivre près des anges,
Là où seules les planètes changent,

Mais pas notre évanescence,
Tu es ma permanente phosphorescence.
Tu es comme la colombe, tu me laisses des traces de lumière,
Que je protège dans ma sphère.
Je t'invite à boire
À la source de ma mémoire,
Un pays doux dans une lumière que tu reconnaîtras.
L'île de beauté, c'est elle que je n'oublierai pas :
Les jeux dans les vagues, un père et une mère
Heureux
Et pour moi, merveilleux.
J'ai grandi,
Et aujourd'hui
L'ange de l'amour nous lance ses éclairs,
Il est splendide, majestueux
Superbe, charmant, gracieux.
Il roucoule lorsqu'il est heureux.
C'est le plus beau cri de l'homme et de la femme
C'est un cri qui fait briller les étoiles avec ou sans flammes.
Dans ces moments là,
Tous les anges sont là,
Parce qu'ils aiment une femme et un roi.
Toi et moi.
Le plus beau choix,
D'une vie,
Un jour, dire oui.

Pour ouvrir notre porte à la chance de l'amour,
Et avec puissance s'aimer dans le jour,
T'écouter rêver toute la nuit,
Sais-tu ? Lorsque tu sommeilles
Tu chantes, dans un langage aux sonorités pleines de merveilles
Qui entre en moi, et chaque son
Est un voyage sans conclusion.
Tous les soirs ton récit est bleu
Et ces pays sont merveilleux
Car ils vont de la montagne à la mer,
Sans nous demander de frontières,
Juste écouter nos souffles s'entremêler,
Dans un jaillissement de joie royale.
Tu es l'homme primordial
À mon existence peuplée de tous tes gestes : en moi
Là est le plus beau cadeau d'un roi :
Se laisser regarder, et comprendre les regards d'amour sans
Les croiser, ou alors juste quelques instants,
Les instants où tu aimes te sentir extraordinaire,
Indispensable à la floraison de la lumière,
Dans mon cœur, et mon corps, et mon esprit,
C'est pour toi que j'aime la vie.
Car ce que tu portes est exceptionnel :
Le ciel,
Et les nuits de plus en plus belles.
Peut-être parce qu'ancestrales

Au bal,
De nos parents
Et de leurs enfants.
Protectrices, conseillères,
Princières.
Je ne cesserai d'aimer
Ta majesté,
Ma seule réalité.

Mais il y a des pensées modernes
Qui restent cloisonnées dans des cavernes
Et d'autres qui pensent,
Avec un désir de non violence :
Pour Bouddha : *"la haine*
Jamais ne met fin à la haine,
Ici bas, la bonté seule apaise la haine,
Telle est la loi éternelle."[8]
Les Hommes avancent par l'impulsion d'un pouvoir spirituel
Un pouvoir qui vole avec des ailes,
Et qui vient des anges ou des fées,
Martin Luther King faisait partie de ces hommes de bonté :
"Par la violence, vous ne pouvez établir la vérité,
Et vous ne pouvez en finir avec la haine."[9]

---

[8] https://www.citationsdites.com/citations/la-haine-ne-met-jamais-fin-a-la-haine-seul-l'amour-peut-apaiser-la-haine-telle-est-la-loi-eternelle

[9] Martin Luther King, *Dossiers de l'Encyclopédie du protestantisme,* éditée par Pierre Gisel, Lucie Kaennel, Jean Baubirot, Isabelle Engammare, Serge Mulla, Denis Müller et

Toi, moi, nos amis nous devons former la chaîne
Des esprits unis,
Vers la joie de la naissance de toute vie.
Notre devoir
Est de les laisser voir
La force qui ne demande qu'à habiter
Leurs cœurs et la liberté.

Certains êtres naissent en permanence
Car ils découvrent le monde comme une chance,
La mère universelle est bonne, douce, présente et discrète
Elle ouvre avec douceur leurs yeux avec une arme secrète :
L'intelligence qui conduit à la répétition
Des maillons,
De cette farandole de tolérance et de désir.
Je veux être ton premier soupir,
Quand tu t'endors et que tu me respires.
Tu ne le sais pas
Mais chaque nuit, je vole jusqu'à toi
Je me glisse entre tes bras,
Et je te chante des chants d'amour et de paix,
Pour t'aider à travailler.
Je pense à tes victoires,
Avant de consolider mes histoires.

Gabriel-Ph Widmer, Paris-Genève, Cerf-Labor et Fides, 1995.

Et si l'une d'elles éveille un souvenir douloureux
Je comprendrai comment t'aimer mieux,
La nuit d'après, j'ai besoin que tu sois heureux
Et je te vois rencontrer tous ces gens,
Penses-tu à moi de temps en temps ?
Ton esprit est-il si puissant ?
Pour aimer, travailler et sentir
Le parfum de toutes ces fleurs,
La liberté de tous ces chevaux.
Pourquoi mourir ?
Il faut danser à la lueur
De la porte de Dieu
Pour t'espérer aussi tôt,
T'imaginer heureux
Lorsque la plante de l'espoir aura pénétré tes yeux.
Que les anges auront dit oui,
Mais finalement, c'est toi qui choisira de dire oui.
Oui à l'amour majestueux,
Car c'est lui qui apporte les jours heureux.
Le calme, la quiétude, l'envie de vivre avec toi,
Et d'apprendre tous les instants tout ce que je ne sais pas :
Comment trouver le courage de t'ouvrir mes bras …
Aide-moi
Je ne peux aimer que toi,
Comprends-tu la nécessité de ton courage ?
Laisse-moi être la fleur cachée sur ton visage

Tu peux me faire vivre ou mourir,
Tu me donnes cette force qui me fait courir
Vers toi,
Toutes les plus belles femmes sont à tes pieds,
Pourtant, aucune d'entre elles ne saura t'aimer,
Autant que moi,
Je suis blessée,
Mais tous les jours ta lumière me guérit,
Les rois protègent la vie.
Puisqu'ils pressentent les dangers
En regardant partir le vent siffler
La colombe est là pour faire vigilance
Elle est le contraire de toutes souffrances,
Elle connaît les pays dont tout les hommes rêvent,
Elle sent, en flottant au creux de la sève,
Des arbres de toutes les couleurs
Où les amoureux rient et pleurent.
Les fleurs de ces arbres font rire
Et ramènent, quand tu pleures du ciel un sourire
Cet arbre s'appelle avenir,
Il parle à quelques entités,
Celles qui font revenir l'été
Chaque année.
Alors je recommencerai
À t'aimer,
Et te donner mon espoir gai

L'espoir d'une réalité,
Jamais interrompue
Qui est entrée les pieds nus
À qui j'ai offert à boire et se laver,
Depuis je suis heureuse de t'aimer.
D'offrir à un être bon, ma gentillesse, mon amour et ma bonté,
C'est là, tout ce que j'ai toujours espéré.
Et mon rêve s'est réalisé
J'ai rencontré
Ma plus belle vérité
Tu es comme ce cheval que j'admire galoper,
Tu es amour, beauté et liberté
L'être qui est mon secret :
Le plus doux baiser.
La plus compatible volupté
Tu es l'océan inachevé,
Les rêves d'amour en pleine liberté,
L'intelligence que je comprends :
L'homme que j'ai attendu jusqu'à maintenant.
Et tu es là merci,
Tu me fais jouir dans la vie,
À chaque instant,
Tout le temps,
Tu donnes courage,
Et je saurai rester sage
Puisque tu es roi

Je ne te trahirai pas.
J'ai mal quand tu souffres et que tu ne dis rien
J'irai très très loin
Dans mon esprit,
Pour te rappeller cette vie,
Qui prend sens,
Comme une naissance.
Dont l'Éternel est le seul père,
Son amour dans la vie, en abondance et prospère,
Toute ma vie je le remercierai,
De t'avoir posé, un jour devant moi sur mon sentier …
Alors les fleurs ont pris le parfum de la liberté,
Et moi le goût de vivre et de rêver,
À travers les étoiles de tous tes succès :
Bravo !
Tu seras couvert d'or, de lumière et des plus doux flots.

Ton amour est entré en moi,
Pour penser à la joie.
Comme le vent, qui me caresse,
Quand je marche et que je pense à tous ces instants,
De tendresse …
Ne me quitte pas maintenant,
Viens m'accompagner l'instant d'un baiser.
J'ai peur de mon passé,
Et il n'y a que toi qui me le fais oublier,

J'imagine les troubles que tu peux sentir,
Et je sais que nos rires
Tous nos moments de sourire,
Grandiront au bout du bout de l'univers,
Et la douleur d'hier
S'envole puisque tu as encore fait la guerre,
Cette journée je penserai à toutes ces couronnes de fleurs
Que ma vie te porte par l'entrée du bonheur.
Mais pour cela il faut que tu viennes me voire
Et échanger nos regards,
Et franchir cet océan qui sépare,
Ma bouche,
De ta bouche,
Ou plus doucement tes bras
De mes bras.
J'ai une mémoire
De ta mémoire,
Et puisque je suis juive, tu comprendras
À quel point, je suis sensible à ta vie, à toi.
Je veux te voire aimer cette terre,
Qui nous a reçu,
Et nous a offert
La lumière,
De l'amour simple, nu,
Parfois bleu,
Qui fera monter notre plaisir jusqu'aux cieux,

Sur cette terre, il y a autre chose que la violence,
Il y a toi et moi amoureux,
En tout cas mon espérance.
Je suis une femme humaine, et c'est déjà beaucoup de chances,
Surtout que je t'aime toi,
Je pense à toi, je vibre à chaque fois,
C'est-à-dire tout le temps !
Tu es la trame de mes rêves le moment
Où je suis en état de liberté,
Pour prier
Et la biche, et la licorne soumettent le lion
Au rythme de cette clairière qui donne les frissons
Auxquels tout mon corps s'abandonne
Est-ce que D. reprend ce qu'il donne ?
À ta puissance majestueuse,
De ce roi qui m'éloigne des personnes furieuses,
Toi, tu ne cries pas,
Je voudrais enregistrer ta voix.
Dans le chant que j'entends lorsque tu es là.
Mon être entier devient la guitare, la gibson
Qui sonne.
Les mélodies de nos fêtes, de nos cérémonies, de nos entrevues
Et quand nous avons rendez-vous, mon cœur et ma maison
Se remplissent de la vérité la plus nue,
De l'espoir le plus fort, et le plus méconnu.
Les anges et les violons

Qui entourent Marc Chagall
Font étinceler les plus belles étoiles.
Une étoile est parfois une question
Que D. pose à notre raison,
Et ce sont de belles réflexions
Lorsqu'on sait les apprécier.
Elles apportent des solutions,
À des problèmes encore non dévoilés,
Mais aussi de très grandes joies
Lorsque par tous tes sens tu perçois,
Comme des hommages sans égal,
À un homme qui a su et s'engager et aimer.
De même Lev Nikolayechiv Tolstoï a su s'impliquer
Pour qui la non-violence devrait être un principe de la vie
Pour tous ceux et celles qui ont encore envie,
De voire le soleil se lever,
Et tracer l'horizon.
Moi, j'ai envie de t'aimer,
Avant qu'une sorcière ne t'emmène au fond
Des limbes jamais éclairées.
Depuis tout ce temps maintenant,
La solitude cesse d'être un tourment :
J'ai confiance en toi
Les énergies sacrées naissent en toi
Et tu es sur le bon chemin,
Tu n'as qu'à regarder tes mains.

La "*principale signification de la non violence est de montrer*
Qu'il est possible d'extirper
Le mal de notre propre cœur,
Comme celui de notre prochain."[10]
Je rends honneur
À une pensée si juste, et qui donne envie de ce demain
Qui n'est peut-être pas si loin.
À une religion, à laquelle j'espère être fidèle,
Tant que sera présent l'Éternel.
Un pardon mutuel,
Une signature écrite dans le ciel,
Avec nos deux prénoms.
Et de D. la résolution,
De nous offrir,
La liberté de notre avenir :
Si je vais vers toi,
Verras-tu ce cœur qui porte les couleurs
Des espaces sans douleur,
Semblables aux pierres de ta couronne de roi ?
Ce sont elles qui donnent au ciel,
Ces lueurs de diapason pour le ciel.
Qui éclairent et mesurent la cadence de toi,
Vers moi.
Me faudra-t'il comprendre le langage de tes couleurs ?

---

[10] Lev Nikolaievith Tolstoï, *The Kingdom of God is within you*, chap. I, London trad. Delano, 1893

La colombe de ton cœur ne fait aucune différence
Elle porte le bonheur,
De tous les peuples, de toutes leurs chances.
C'est la première évidence,
De la cohérence matrice,
Et de sa justice.
Que j'exprime dans notre amour,
Car c'est bien toi qui lui donne jour.
Merci,
C'est comme cela que je conçois la vie.
La plus belle partie du pays, …
Du monde,
Et les fées tournent autour et font la ronde
En l'éclaircissant de ses fleurs, dont tu es l'être aimé.
Je ne pourrais jamais te quitter,
Pour l'espoir de revoir des fleurs toute la journée,
Et demain quelle différence ?
Il y aura toujours cette salvatrice espérance
Ce fruit immortel,
Qui s'évertue à rendre la vie belle.
La colombe qui plane dans l'espace diffuse son âme
À tous les hommes et toutes les femmes
Dans un chant immortel, des puissances d'espoir
Qui deviennent des pensées, des sourires chaque soirs,
Oui, c'est dans la nuit
Que la colombe crée en toi, l'espoir d'une vie,

Dans laquelle le soleil ne s'éteindra pas,
Ainsi que tous les écrans et protègent des rois du monde d'en bas
Puisque les rois David, Saül, et Salomon sont des rois de lumière
Et pour chaque jour, ils récitent une prière.
Et sans lumière la terre que nous aimons tant, ne serait pas !
Nous avons besoin de voire en nous ce soleil,
Une part d'amour qui se balade dans notre monde de merveilles,
J'espère un roi qui sait pardonner,
À l'humanité, en lui chuchotant qu'il faut continuer à aimer,
Et à respecter,
La première fleur que tu imagines le matin.
Est celle que tu as plantée de tes mains :
C'est la fleur de la colombe, de ta femme.
Les vagues de son corps attisent tes flammes,
Et voilà le plus beau voyage de ta vie.
Retrouver dans mes yeux, ce paradis,
Dans lequel tu as vécu
Et que tu n'oublieras plus.
Je veux t'aider à te souvenir d'un monde où nous avons fait don
De notre amour pour porter le pardon,
Des Juifs, des Grecs, des Musulmans et de certains poètes
Il y a des ambitions que rien n'arrête,
Je rêve de chevaucher tes rêves et de découvrir ce firmament
Où tu as parlé à tous ces Hommes qui ont été enfants …
Et qui se prénomment Moshe, Zeus, Jésus ou Mahommet.
La colombe propose à tous de faire ensemble la fête.

Elle voyage
Avec courage
Au-dessus de tous leurs pays,
Et à chaque fois l'océan sourit.
Comme moi lorsque je pense à toi,
Tu es mon temple universel,
Où je te porte mon miel.
Sur les contours de ma bouche
Et si tu m'embrassais pour que je touche
L'âme qui s'approche de la lumière
Et qui toujours se rapproche de la terre.
Et qui devient comme le dit Grégoire de Nysse
Pour protéger de D. tous les fils
Leurs théologies qui deviennent belles et prennent dans
La lumière la forme d'une colombe
L'éclat d'un nuage qui surplombe
Parmi les plus belles couleurs, le vent
Survivant des outrages faits à la terre,
Pour une durée aussi longue que la lumière,
Dans parfois de terribles vents.
Les rois dénoncent la barbarie
Et détruisent les bombes
La seule folie
Est de parler pour notre vie.
L'amour a encore des droits et des pouvoirs,
Je te suggère d'y croire

De poser en moi l'étoile
De ton étoile.
Dans le bleu de nos rêves strictement personnels
Si je pouvais te donner ma poésie pour tes journées si belles,
J'ai trouvé la couleur de mes mots
Pour rassembler tous les chevaux,
Où la colombe parfois se laisse porter,
Dans les nuées.
Elle aime sentir le vent dans ses ailes,
Elle aime et la terre et le ciel.
J'ai envie de t'embrasser près d'elle
Sentir que tu me couvres de tes ailes.
Alors ma robe deviendra blanche de toi
Et elle le sera toutes les fois
Où tu te poseras sur moi.
Je sais que tu seras doux et que je ne verrai que toi,
Envahie par toi :
Tu as les clés de mon pays
Qui donnent envie
De chercher quel sens tu veux donner à notre vie.
Tu ne les perdras pas,
Tu connais tous les endroits
Où je cache ce que je réserve pour toi …
Avec ces clés, je cache ma colombe pour t'aider à voler
Vers tous mes secrets.
Ils sont comme un collier

De la plus noble liberté :
L'amour de ma confiance,
L'amour de ton intelligence.
Tu frôles constamment
Ce continent,
Symbole parfait de l'union
Quand je prononce ton prénom,
Alors c'est l'harmonie du mouvement des corps célestes
Et je peux voire ce feu qui s'installe et reste
Notre euphonie,
Notre mélodie.
Comme le pensait
Gottfried Wilhelm Leibniz l'euphonie
Du grec "eu" : bien et de "phône" : sons
Est la plus belle expression
De notre accord, d'espoir, de bonheur retrouvé.
Il est juste de penser que la colombe y a participé
Avec toi, je connais la sublimation,
L'exaltation.
Je t'aime aussi pour cela.
Tu voyages sur mon au-delà,
Tu me protèges lorsque je reçois
Des vibrations étranges, l'expression de certaines Lois.
Mais je t'aime aussi
Pour l'extase infinie
Qui entoure ta royauté,

Ta majesté.
Tu cherches des trésors
Que garde la colombe d'or,
Doucement, sans effort.
Sous la pluie douce du ciel de tes yeux
Il n'y a que toi qui me conduis à la béatitude de moments heureux
Cette félicité parfaite
Que la colombe projette
De ton cœur à ma pureté
De mon cœur à ta pureté.
La fleur la plus pure,
Pousse à travers le mur
Par la force des milliards de vœux qui y sont déposés,
Dans les larmes, la joie,
Et cette fleur est la première réponse d'Ea
C'est une rose d'or, que personne ne voit,
Mais que la piété reçoit,
Dans un souffle, une nuée lumineusement inconsciente,
Et cette vision qui entre par les mains, par les yeux
Redonne l'envie d'une vie qui chante,
À deux ;
Et si un jour tu vois sur ce mur une colombe voler,
Tu comprendras qu'un nouveau miracle va arriver.
Le surgissement, le renouveau : le temple retrouvé,
Par des enfants qui jouent sur une plage,
Le sable n'est rien d'autre que la pierre des sages.

Des pierres non taillées, un tabernacle océanisé
Et les vagues successives emportent le secret
Qui ne demandent qu'à être dévoilé.
Ces enfants trouvent d'étranges pierres
Qu'ils renvoient à la mer.
Et Dieu est heureux, puisque le temple a été touché par la pureté
Un jour, bientôt sur cette plage d'été,
Pleine des chants
De l'oiseau blanc,
Le roi David aux pensées inconnues,
Rêvera d'une femme nue,
Et de cet amour, la semence sera le plus beau rempart du temple
Cette femme ne saura jamais le bonheur qu'elle a offert
Au roi, sa prière :
Danser avec lui dans la mer, à l'écoute du temple
Et lui parler,
Avec simplicité.
Cette femme connaît la poésie,
Sans savoir qu'elle vivra avec toute la vie …
La couleur des rêves de ceux qui l'aiment,
Et cette femme aime le roi, elle lui dit je t'aime
Au milieu des vagues,
Et le roi divague
Sans comprendre tout cela.
Il pense à tout ce qu'il atteindra
Il ne sait pas qui elle est,

Elle ne l'oubliera jamais,
Alors D. multipliera ses rêves à l'infini,
Toutes les nuits elle rêvera de lui …
Il en est ainsi,
Des amours bibliques.
C'est peut-être pour cela que tous trouvent l'océan magique.
Cet amour essentiel n'est répertorié nulle part,
Sauf dans ton regard,
Et que je plonge dans ta mémoire.
Je perçois des vides, des pleins
Tu es roi, oui,
Mais de qui ?
D'un peuple qui tend les mains
Vers la colombe, femme,
Vers la colombe, pays.
L'âme
Ou le paradis ?
Nous irons là où peut vivre notre vie
Sur cette terre aux rivages infinis
Que tu aimes tant,
Là où tu t'es senti puissant
Parce que je t'ai regardé avec conviction
Et qu'une voix m'a dit que j'avais raison
Je sens ton âme, ton principe spirituel,
Conçu comme séparable du corps immortel
Et jugé par Dieu

Il aime entendre des chants heureux
Respectueux
De l'ensemble de la création,
Il y a toujours l'horizon,
Vers lequel tend inlassablement l'oiseau majestueux
Comme D. a voulu que nous tendions vers la sagesse.
Je vogue sur la tendresse,
De cette colombe qui caresse
Tes yeux pour que tu fasses voler les humains
Dans le ciel le plus serein.

Conclusion

Tu tiens dans tes mains, tantôt la harpe, tantôt le Graal,
Et comme tout prince de la lumière, d'un monde idéal,
S'ouvre à toi, la fontaine de jouvence
Se pose sur ton épaule, la colombe
Et la colombe sous ton regard tendre, entre en transes
Douces, aucun autre oiseau ne peut rivaliser, même la palombe.
Tous les êtres rêvent de se reposer sur tes épaules
De sentir que depuis toi, ils peuvent prendre leur envol.
Tes mains façonnent mes rêves, et s'écoule la fontaine,
Ta harpe chante et s'éteint la haine.
Cette harpe est le symbole de ta liberté,
Parfois elle s'endort comme un secret.
Et ce sont tes mains divines qui l'éveillent,
Tu fais se lever toutes les merveilles.
Et le ciel devient la continuité phénoménale de la terre,
Une terre, où je t'ai rencontré, mais était-ce hier ?
Ma mémoire n'est qu'une danse d'amour,
Elle existe pour toi et depuis toujours.
Et dans mon cœur et ma cour,
Existent la harpe et la fontaine qui n'obéissent qu'à tes mains,
L'élément liquide et l'élément son, sont tiens.
Et elles aiment bien que je chante dans l'eau,
C'est ma façon de te dire mes premiers mots.
D. entend ta harpe et chante avec elle,
Parce que le toucher de ses cordes produit des étincelles.

Et ses éclats de lumière qui monte au ciel
Questionnent l'impalpable et ouvre un champ devant
Lequel glisse entre les pierres de ta jouvence et parle au temps :
Pourquoi emportes-tu les sourires des enfants ?
Le ciel se remplit de leurs visages
Et ils font rire les sages,
Et leur offre l'impulsion de la pensée.
Ils évoquent la divinité ou l'humanité.
Tes mains sont douces ou religieuses,
Et peuvent répondre à toutes ces frontières mystérieuses.
Le temps est souvent une frontière
Invisible, la fontaine rend étrangère
La mort.
C'est pour cela que depuis tous les temps, ta harpe chante encore,
Tes mains lavent les couleurs
Du ciel quand il pleure,
Tes mains sentent mon corps lorsque je suis loin de notre magie,
Mais tu as glissé en moi, ta harpe et tu sais toujours où je suis.
C'est pour cela que nous sommes heureux
Et que nous sommes tous deux,
Dans le cœur de Dieu.
Qui grâce à toi, ne sera jamais vieux,
Mais éternel,
Comme le ciel.
Pourquoi Dieu est-il éternel ?
Il attend comme la pluie attend le ciel,

Que la vie le surprenne
Et bien sûr sans haine.
Il sera toujours là,
Près de l'être malheureux, joyeux : dans tous ces instants là.
Au pays des rois, des mendiants, des fous
Des amoureux comme nous …
Dieu aime ta harpe, quand tu la caresses la nuit tombée,
Il te murmure où se trouve la fontaine en secret
Tu deviens le gardien de l'éternité,
Et parfois sur les rives de la fontaine, tu sens une poésie,
Qui te vient comme une réponse à ta quête amoureuse.
Je suis en vie,
Et j'en suis heureuse.

Couronné du Graal ou de mots d'amour qui fleurissent sur toi
Tu obéis et tu dictes les lois.
Tu pourras venir me chercher encore cette nuit,
Je reconnaîtrai ta mélodie,
Et nous voyagerons dans des mondes vierges et souriants
Des espaces de soleils et de fleurs dansants.
Je n'emporte avec moi, que mon amie
Qui parle plus doucement qu'une bougie.
La licorne bleue,
Elle nous aidera à traverser le feu,
Pour atteindre ces univers
Protégés par pour certains des lumières,

Pour d'autres par des brasiers.
Et je sentirai mon amour chanter,
La licorne sera émue et enchantée.
Elle ouvrira les passages inconnus
Dans les vents et les fleurs parvenus
À la même conclusion :
Tu es cet horizon,
Qui de la fontaine à la lyre
Chante et notre passé et notre avenir.
Nous avons connus des rires,
Venues de boissons qui n'existent plus,
Parfois tu me verras nue
Si tu ne me regardes pas,
C'est le seul droit que tu n'as pas.

Sans interruption, ce chant s'envolera avec nous
Vers ce nouveau monde très doux,
Un monde où l'on respecte les correspondances,
Dans un monde, où je ne suis qu'innocence,
Ce monde sera à la mesure de ta harpe, mélodieuse,
Ta harpe me rend si heureuse :
Ses arpèges, ses crescendos
Dans le monde que tu auras ouvert de tes mains,
Avec l'amour et le courage d'un homme divin.
Il y aura mes mots,
Pleins de chevaux

Des océans qui caresseront nos visages
Ce sera de nos vies, le plus beau voyage.
Tu me tiendras au-dessus de l'espace
Et en même temps que tu parviendras à frayer une route,
Tu connaîtras un règne sans aucun doute.
Parmi ce monde du Graal et de l'arche redéposés à leur place.
Je sens que tu écoutes la fontaine couler,
Je sens que tu me comprends t'aimer.
Ce n'est pas difficile il te suffit de regarder la couleur du ciel,
Certains matins,
Où la lumière si belle
Te donne envie d'enfouir ton visage dans mes mains
Pour que personne ne comprenne tes chagrins.
Parce que ces chagrins sont des vagues violentes,
Et ma bouche tremblante
Appelle et c'est toi qui viens
Comme dans un rêve sans fin.
Si ta harpe chante, c'est pour respecter le silence de l'émotion,
Et retrouver le chemin que j'ai nommé avec ton prénom.
Jusqu'à ton amour, ton horizon,
Où tu protèges ce qu'il y a de sacré,
Une femme qui ne veut se donner
Qu'à un seul homme, qu'elle aime comme un roi.
Parce qu'il comprend le feu, l'eau, le bois :
La terre,
Jusqu'à son univers.

Où la vie
Présente pense à planter un ou deux arbres de vie,
Pour toi,
Pour moi.
Enlacés nous monterons
Vers le feu et son extension
De lumière,
Dans ces clairières,
Dans ces vallées.
Au fin fond de l'universalité
De l'harmonie,
Dans notre amour infini,
Dans la danse dont tu es le chorégraphe,
Je signe mon amour à tous les paragraphes,
De la joie
Intime de toi à moi,
Où nous ne souffrirons que d'être séparés.
Ce matin encore je t'ai rêvé
Et je t'ai vu te lever ;
Ainsi que dans ma nuit
Que tu as vigoureusement fleurie,
Et j'ai vu les chérubins valser autour de mon lit ...
Et je m'offre constamment à la vie,
D'un roi,
C'est le message d'un choix.
L'amour est la définition la plus jolie

De ce qui nous arrive,
Regarde au loin la rive,
Je suis là aussi.
Tes rayonnements me traversent comme des millions de reflets
Ton amour me projette partout où tu veux regarder …
Pour vérifier que l'ordre du monde n'est pas perturbé,
Car tu préfères mes bras
À partir avec ton épée.
Chaque soirée, tu le sais on se retrouvera.
Pour ne pas perdre un instant de ce qui nous fait "être là."
Tu es le premier pas
Dans ma première vie.

À certaines heures de la nuit,
Quand les anges sont endormis
Et que le Graal continue son alchimie
De même l'arche porte en elle, notre vie.
Le ciel a tellement de secrets.
Nous avons la certitude de nous aimer,
Et cet amour ne demande qu'à parcourir le monde entier.
Nous retrouverons bien notre éternité.
Au-delà de nos exils,
Nous continuerons à entretenir, cachés derrière nos cils
L'attachement, la vénération, l'enthousiasme du secours.
Puisque D. aime notre amour
Éveillé par la Loi,

Éveillé par toi.
Toi, mon mystère,
Mon éclair,
Qui traverse mes nuits,
Qui fait chanter ma vie.
Écoute les vents,
Ceux qui sont hors du temps,
Au temps d'un roi
Qui aimera encore et encore une fois.
Acceptes-tu la liberté des rois ?
Ces instants à la fois rares et permanents
Où tu juges et pardonnes en même temps.
Ce mystère est le tien et il est troublant,
Pour beaucoup d'êtres vivants.
Moi j'ai choisi de te regarder, de t'imaginer,.
Comme un condensé d'extase personnifié.
Tu deviens de plus en plus beau,
De plus en plus fort,
De plus en plus bon.
Je prie pour trouver ces mots
Qui scintilleront encore,
Et nous laisserons
Sympathiser avec les orages, qui nous laissent faire l'amour,
Quelques fois, quand tu parcours
Mon inconnu,
Et que tu as vu :

Une fleur, un chant inconnus
Qui dansent en chantant
Sans que j'en ai fait le commandement.
Je t'aime consciemment,
Surtout inconsciemment.
Dans mon esprit, il y a cette fontaine de jouvence
Qui exhale pour toujours les parfums de l'enfance
Les embruns des flots, le vol des papillons
Qui planent et déclinent leurs beautés,
Dans un ciel d'éternité :
Qui courtisent les constellations.
La merveille devient univers,
Et parle aux bords de la terre,
Toi qui es sur toutes les frontières
Tu veux comprendre toutes les prières.
Peut-être la mienne,
Exclure la haine.

Tu es mon développement astral,
Le champion qui siffle dans la grotte du Graal.
Je veux tenir dans mes mains,
La certitude de ta vie.
Depuis de nombreux matins,
Le monde n'avait jamais vu un aussi pur esprit,
Qui aime rire et chanter
Et regarder les licornes danser.

Je n'ai qu'une chose à te demander :
Laisse les licornes galoper
Dans le bleu d'une atmosphère,
Sans poussière, sans mort, sans guerre.
Je crois bien que ma licorne est amoureuse de toi.
Tu la laisseras entrer dans notre chambre cette nuit ?
Pour qu'elle s'allonge près de moi,
Juste pour sentir tes baisers, et parcourir cet infini,
Que le jour d'amour nous a offert,
Oui, mon roi, tu es la chance d'un jour ouvert,
La clé je te l'offre, tu ne seras plus jamais seul dans tes pensées,
Tous nos instants partagés, nous ne les oublierons jamais.
Notre amour sera le nouvel océan de l'humanité.
Notre océan sera le nouvel amour de l'exclusivité :
Les vagues de mes désirs ne te trahiront jamais,
Tu es le rêve galant,
Le plaisir permanent.
Je rassemble les vagues de soleil
Pour construire un ultime temple autour de ta merveille,
Rayonnant,
Intemporel, et pénétrant
En nous, comme notre nouvelle demeure.
Le temple du bonheur,
Existe là-bas,
Vers toi,
Et dans certains livres il est décrit.

Mais le plus grand lieu de liberté où il vit
Est très secrètement couché sur les pages d'un livre perdu ?
Non, je l'ai retrouvé …
Il est fixé sous le grenadier de Migrôn, dont les racines nues
Son encre ne s'est pas effacé,
Il est parfois là
Ou parfois sous le tamaris du haut lieu de Guibéa.
Il a toujours été là,
Et aujourd'hui pour nous il a migré dans l'espace du sourire
Là où vole notre colombe, et David entendra les présages de rires,
Comme un signal divin, dans le bruissement,
L'hénissement
De la cime des micocouliers
À l'entrée,
De la vallée du Rephaîm.
Ce ne sera pas un mime,
Ou une répétition,
Un doublon.
Ce sera la cabane spatiale, avec à sa porte la licorne bleue,
Dans cette cabane, les rabbins ont demandé à Dieu
L'autorisation de déposer l'arche,
Dans cette cabane, les apôtres ont demandé à Dieu
L'autorisation de ramener le Graal.
Et Dieu a dit oui,
Alors je marche,
La tête dans les étoiles

Et je crois voire toute ta vie.
Je te vois enfant, adulte mais jamais vieillard
Car la fontaine de jouvence s'est posée dans mon regard,
Et s'est déversée toute entière avec tout mon amour
Dans la forêt majestueuse de tes émotions,
Savoir se protéger est une grande question …
De chaque instant, de chaque jour.
Et tu aimes voire voler les femmes pleines d'un véritable amour
Dans tes bras.
Être ta femme,
Protéger et allumer constamment ta flamme.
Peux-tu imaginer les effrois
Et tous mes rêves qui vont vers toi ?
Oui, je t'aime et tu es ma première fois.
Je ne veux pas détruire
Je veux construire.
Des bateaux bleus
Pour tous les gens malheureux
Et leur donner le temps,
De fermer les yeux,
Et de retrouver le sourire d'enfant.
J'aurais aimé dire merci aux prophètes
Devant eux incliner ma tête.
Saluer les visions
Et cette définition
Qu'ils donnent du ciel quand le sommeil vient leur parler

À nous et pénétrer la réalité.
Sans peur
Avec l'émotion de porter miracle et bonheur.
D'Abraham à Jésus
Il faudra bien sauver ce qui est perdu,
Et finalement s'aimer, car rien n'est fini …
Du pôle A au pôle B, communiquer la sainteté de la vie.
Multiplier les abris.
Tu pourras m'embrasser,
Pour nous laisser rêver à la paix !
Je pourrai respecter tes rêves et les emmener à la mer,
Nous passerons les douanes, les frontières
Avec le passeport du pays de la colombe et de l'espoir
Qui sépare le jour du soir
Puisqu'à cet instant, l'amour prend forme et acclame sa vérité
Je préfère te donner,
Que te demander,
Ton temps est précieux,
Comme la prunelle de mes yeux.
C'est pourquoi je me sens transportée dans le velours
De la dignité et de l'amour,
Quand tu viens me voir.
Un roi dans ma demeure …
Je suis si heureuse d'entendre battre mon cœur,
Quand tu t'approches de moi,
C'est à chaque fois, une nouvelle histoire.

Qui s'installe le long des rayons de chacun de tes soirs.
Le temps sera non celui de l'espace, mais celui de Dieu,
Un Dieu qui ouvre à notre amour, les bras,
Pour admirer nos yeux, si étrangement amoureux.
Dans tes yeux, je vois le commencement
Des temps :
L'arbre du silence, au feuillage
Qui dissimule l'arrivée des sages.
Ils marchent derrière le vent
Ils ont l'apparence d'étoiles
Et ils comprennent tout,
Ils veulent réconcilier le bien et le mal
Et rendre le brasier de D. doux.
Pour que notre vie soit parsemée,
Des fleurs de la félicité
Que je veux t'apporter
Je suis un être en état d'aimer,
Le monde entier.
Acceptes-tu de me le raconter,
Moi qui ne sais que rêver,
Le monde est-il un rêve ?
Pourquoi Ève,
A-t'elle conçue la réalité ?
D. a voulu enfanter,
Pour que le monde soit peuplé de rires
Et la femme du désir

Pour un homme tranquille et intelligent.
Qui emmène sa tendre amie jusqu'à la fontaine,
Pour l'aimer indéfiniment,
Et chasser sa peine.
Cet homme a le cœur si grand,
Qu'il aime tout le temps.
Le Graal coule dans son sang
Il a le regard plus pur que le diamant,
Et dans son cœur, c'est l'éblouissement permanent.
C'est un homme qui sourit comme un enfant,
Et que j'aime depuis que l'arbre blanc
S'est penché sur moi,
Et je lui ai dit tout bas :
Veux-tu des fleurs autour de tes racines ?
Tes racines sont-elles divines ?,
Je sens en ta présence,
Le fluide de l'existence.
Je ne serai jamais en partance.
Ma vie se prolongera
Jusqu'à toi.
Tu es l'infini dans l'infini,
La vie dans la vie.
Tu portes la noblesse de la création,
Et la vie pour toi, est à la fois une solution et une question.
Écoute mon cœur et ta raison,
Sur le chemin de l'horizon.

Mon cœur est sensuel,
Et chante ta harpe, avec les sons divins,
Pour notre terre qui redeviendra belle.
Des forêts aux océans,
Jusqu'à mes baisers perdus dans le vent.
Ils s'envolent jusqu'à ton présent.
J'apprends à te tendre les mains
Sans oublier que demain,
Tu pourras avoir besoin de moi,
Je serai là,
Discrète et heureuse de te savoir vivant,
Pleine de l'espoir porté par le temps.
Et je ne peux contrarier mon cœur
Je l'entends palpiter du bonheur
Et j'ai conclu un pacte avec mon âme
Rester une femme
Sans aucune haine
Et qui partage ses rêves avec le mystère,
Il y a des moments où il faut savoir se taire,
Pour enfin s'embrasser
Avec tellement d'amour que cela fera pleurer de joie les fées.
Et cette joie te donnera le pouvoir,
D'accomplir et de respecter les plus belles histoires,
Et les gens qui t'aiment seront heureux,
De voire tes yeux amoureux,
De savoir que tu peux faire jaillir la fontaine

À cette certitude certaine,
De la pureté de ta bouche un peu lointaine.
Qui se rapproche de moi,
Dans ces rêves là …
La fontaine jaillira
En touchant le sol de ta bouche,
Je respecterai tout ce que tu touches,
Et tu m'apprendras à me défendre,
De ceux qui sont capables de vendre
Leurs paroles au profit de leur obscurité,
Ont-ils vu, une fois dans leur vie la clarté ?
Jouissance immense offerte par la divinité.
Tous les usurpateurs,
Et les voleurs.
Tu les regardes et leurs yeux se perdent dans le néant,
Devant eux, tu restes juste, mais jamais pédant.
Tu es bon comme un silence d'amour,
Tu es toute la journée, un fragment constant de mes jours
Fugace et constant,
Comme lorsque tu me prends.
J'ai envie de pleurer
Lorsque je vois le mal s'acharner.
Ils nous font perdre notre temps
Alors je t'écoute et je t'attends,
Tu es excellent,
Tant dans la sagesse que dans l'intelligence,

Dans mon cœur, tu n'es jamais en partance.
Je te rapproche de la colombe de ta harpe et du Graal,
Chaque soir où je parle aux étoiles,
Elles font les mêmes vœux que moi,
Vivre pour un seul sourire de toi ! avant,
Au pays des grands enfants.
Je les entends chanter,
Des chants de paix.
Que l'on caresse tes mains,
Que l'on écoute ta harpe en applaudissant jusqu'au matin,
Que le Graal retrouve sa splendeur,
Pour le respect de ceux qui y ont placé leurs cœurs.
Les prophètes n'existeraient pas sans les hommes,
Et les prophètes furent des hommes …
Ils sont nés pour avoir des visions,
Et c'est souvent difficile de donner une traduction.
Le message divin est un don,
Il espère les hommes bons.
Qui ne donnent pas d'ordre,
Et rangent le désordre.
L'écrivain pose des mots,
L'Éternel est l'auteur de trois cadeaux
L'Islam, le Judaïsme,
Et le christianisme.
Ce sont trois fleurs qui ont vu le jour
Au même royaume d'amour.

Les déserts peuvent se rejoindre, s'unir,
Dans un respect mutuel, et puis rire
De bon cœur,
Tout simplement parce que c'est une part du bonheur :
Devant le même morceau de pain,
Quelquefois devant une coupe de vin.

Celui qui bénit le pain et le vin,
Le fait du regard, et de la main.
Il a offert la colombe et les fruits
L'eau et l'envie
Des arbres pour que l'on regarde le ciel,
Que l'on écoute les chansons de ceux et celles,
Qui veulent que la vie anime tous les espaces,
Que la fontaine éclabousse toutes les surfaces.
Il a offert l'amour et le plaisir
Et ce n'est pas un rêve,
Ou alors le plus beau des rêves.
C'est une réalité qui peut faire mourir
Ou vivre si tu choisis de te laisser oublier ton glaive.
L'homme sait quand aimer,
Ouvrir le corps de la femme aimée
Et quand il faut défendre les roses des crevasses.
Pour qu'elles restent à la surface,
Et respecter le sol terrien
En joignant à plusieurs ses mains.

L'amour n'échouera pas dans les fissures,
Et ne disparaîtra pas avec les blessures,
Au contraire, il soulage,
Il encourage.
Il exhorte ce qu'il y a de plus beau en l'humain :
Ta main sur ma main
Oublier celui qui fantasme sur lui-même
Et n'a jamais su dire je t'aime.
Ces trois sons qui font tellement de bien
Et qui se découvrent dès l'enfance
Jusqu'à la vieillesse qui s'oublie dans la fontaine de jouvence.
Et qui continue à faire chanter en allant très très loin,
Au pays
De la plus belle vie.
Puisqu'il m'a suffit de te découvrir,
Tu es entré en mon avenir
Il y a longtemps déjà
Et j'ai connu avec toi, ma plus belle joie.
L'amour et le respect de notre forme d'intelligence,
En correspondance.
De la télépathie à l'harmonie,
Nous vivons là auprès de l'infini.
Qui monte jusqu'à nos yeux
Dans la seule prière d'être heureux.
Tout près de tes bras,
Tu peux penser tout bas,

Je comprendrai
Une certaine forme de ta vérité.
C'est toi qui m'a ouvert la porte des étoiles
Derrière laquelle j'ai visité ton Graal.
Le Graal : l'intelligence au service de l'amour
Et qui ne disparaît ni la nuit, ni le jour.
Et qui irradie,
Et qui transporte les âmes
Vers le paradis,
En traversant les flammes.
Ou qui choisit
De rallonger la vie.
L'intelligence qui fait de l'humain,
La créature qui cherche à ce que les forces du bien
Triomphent des guerres,
Éteignent les misères.
Et si je pense à toi du matin au soir,
C'est parce que tu me donnes tous les matins un point de départ,
Et que j'atterris vers une terre
De liberté printanière.
Le printemps est né avec la colombe,
Le temps succombe,
Devant les mélodies de ta harpe, qui décline sa mélancolie
Je t'entends jouer de la musique et je te souris
Car elles entrent chaque nuit, dans mon pays.
Je m'endors et je prie,

Pour ta vie,
Pour tes amis,
Et mes amis.
Qui me donnent tellement de bonheur,
Avec des paroles chaudes et douces,
Deux minutes, une heure,
De notre temps et la fontaine pousse
Les pierres qui m'éloignent de ton repaire,
J'amènerai le feu qui chauffe et éclaire
Et je t'aimerai, comme si c'était la dernière fois,
La première fois.

Tu es le musicien de mon amour, tu sais
Me chanter et me parler,
Sans rien dire.
Et je tombe à chaque instant amoureuse
De ton passé, de ton avenir.
Et notre présent,
C'est tout le feu qui fait souffler le vent
De mes baisers,
À tes pensées.
J'embrasse tes idées
Pour qu'elles ne disparaissent jamais.
Elles sont si belles
Je les rejoins dans notre ciel.
Le temps de ta vie me rend heureuse.

La finalité de ce que tu es est une pudeur fabuleuse.
Tes secondes sont des perles sur ma peau,
Et tu mènes notre arche sans drapeau.
Il n'y a pas de pays,
Plus beau que ta vie.
Ton pays est une terre de jouvence,
Tu vois, nous ne sommes ni en errance,
Ni en disparition.
Nous pouvons chanter avec toutes les saisons,
Il y a le parfum de ta main
Que je respire profondément avec calme et avec joie,
Tu es ce grand roi,
Doux qui cache ses chagrins.
Et chaque matin
Je vais écouter ta harpe, qui chante encore,
Quand, enfin tu t'endors …
Ta lumière est une cascade d'or.
Que mes larmes ne t'attristent pas,
Je pleure pour que le soleil se lève devant toi
Et te rende de plus en plus fort.
Pour que ton royaume trouve le fleuve de la paix,
Pour que nous puissions nous aimer,
Sans offenser le solitaire,
Le guider vers la mer
Pour qu'il trouve les mots qui le rapprochent de son été,
Chaque être à son premier été,

Sa première saison de félicité.
Et au-dessus de l'étendue d'océan,
Voire la colombe planer portée par les vents
Marins,
Un autre jardin,
Où celle qui t'est destinée,
Attend que tu viennes l'embrasser.
Moi je t'ai vu, je t'ai admiré, aimé
D'emblée,
Comme un cheval au galop.
Je pose mes mots,
Sur ton repos,
Et nous pourrons visiter la cabane stellaire dont j'ai rêvé
Et j'ai entendu ces hommes justes me parler.
Rien ne pourra arrêter la marche vers la paix,
Puisque dans le jour et la nuit l'intelligence jaillit
Vestige du paradis des secrets enfouis
De cette fontaine d'amour, de la fontaine de ton corps.
Imprégné des plus beaux paysages que tu as survolé
Tu souris toujours et encore,
Lorsque tu vois la nature immaculée,
Lorsque le génie se met à rêver …
Et comprend que c'est l'amour et l'amitié,
L'étude des livres sacrés,
L'amour du Graal,
Des étoiles,

Et de ce cheval
Indompté,
Qui pousse vers la liberté.
En préservant les secrets.
Sans lesquels il n'y aurait pas de vérité,
Ou de bonheur à observer.

Oui, ils sont toujours là :
Moshe, Jésus, Mahommet
Et ils font courir les prières au-delà
Des désirs de conquêtes.
La terre est une source d'élection pour ces prophètes,
Puisqu'eux seuls savent que la terre est une pure merveille,
Mais, dans mon cœur, rien n'est plus beau que mon réveil,
Où je cours vers toi,
Tu as besoin de moi,
Autant que j'ai besoin de toi.
Tu portes jusqu'à ma vie le Graal, et lorsque je vois tes yeux,
Je tombe à genoux et le feu
De la terre monte jusqu'à mon âme, qui n'aime qu'un Dieu,
Et qu'un homme : toi.
Et tu m'apprendras le chemin de la cabane où nous
Avons toujours rendez-vous.
Pour comparer ton chant,
Au mien : je chante la lumière dans les champs,
De coquelicots que Claude Monet

A donné à l'État Français.
Nous pouvons l'admirer au musée d'Orsay
À Paris !
Mais cette merveille est redoublée par les jardins de Giverny,
En France, les artistes ont eux aussi des visions sublimes,
Aux moments où ils créent, ils atteignent des cimes,
Totalement indescriptibles, comme tes yeux
Lorsque je les vois étrangement heureux.
Lorsque tu vois des créations naître par amour,
Au petit jour.
Ils sont les prophètes soumis aux muses, et aux anges
Un tableau change
La lumière
Les impressionnistes traduisent les rayons clairs,
Et ce que j'ai vu par une magnifique journée
De printemps ensoleillé,
Je te l'envoie comme un souvenir de bonheur
Et je sais qu'il atteindra ton cœur.
Les fleurs me parlent et me disent que tu m'aimes,
Aussi fort que ces millions de baisers que je sème,
Sur ton chemin,
Et que tu récoltes le matin,
Quand tu pars sur les routes du monde, ta harpe dans les bras,
Tu rencontreras d'autres rois,
Qui te salueront, comme il se doit
Et je te suis avec la colombe en volant,

Les océans n'ont jamais été aussi bleu,
Et la fontaine reste transparente comme tes yeux,
Tu es le seul roi qui pleure en secret,
Et qui sais pourquoi je pleure, pourquoi je ris comme un enfant,
Je pleure, parce que ton sourire et ta voix me troublent
Dans ces moments là, mon âme se dédouble :
Elle est pleine de toi,
Et pleine de moi,
Et c'est ta vraie présence qui m'envahit là.
Je ris, parce que tu m'emportes dans des rêves chauds,
Qui deviennent un peu, ce rideau,
Qui dissimule aux yeux des mortels, à quel point tu es beau !
Et cela restera secret,
Parce que beaucoup cherchent à être ton double,
Ils ne méritent pas un rouble.
Et je sais t'aimer
Sans te regarder.
Mais quand je suis près de toi,
Toutes les fleurs s'ouvrent devant toi, et donc moi.
L'espace peut se multiplier, tu resteras le même
Un être bon, puissant, suprême :
Tu traces le chemin de la colombe et de mes songes
Ton cœur contient des milliers de rêves qui longent,
Les bordures de ma vie,
Qui a peut-être vu ce Graal fleuri.
Dans un de tes voyages de ces mondes bénis,

Dieu est entré dans ton esprit,
Le premier jour où tu as aimé,
Et j'ai entendu ton chant de volupté …
Depuis je ne cesse de rêver
À l'oiseau que je laisserai voler
Qui porte en lui le courage de sa vérité,
Et la fidélité.
A cette qualité,
Qui crée les amours, les plus longues, les plus secrètes.
Je suis peut-être ton secret.
Mes yeux, ma bouche, mes bras s'ouvrent devant toi,
Seul D. le voit,
Et je crois,
Que tu le sais, n'est-il pas ?
Je n'existe que pour la chaleur de tes bras,
Et le combat,
Pour protéger l'innocence
Qui n'existe pas que dans l'enfance.
Quand tu aimes tu deviens le plus grand poète,
La source secrète
De Calliopé.
La muse qui vient me parler
Dans le décor de ma liberté.
La fontaine qui sourit
À ta harpe aux mélodies
D'amour, entrées sur mes terres,

De vents et de prières,
Du plus beau baiser de mystères,
De cette lumière que tu tiens dans ta main,
Et qui fait de ma vie un perpétuel refrain,
Vers cette éternité
Que j'ai retrouvée.

Table des matières.

La licorne bleue et la main 7
La licorne bleue et la harpe 85
La licorne bleue et le Graal 119
La licorne bleue et la fontaine de jouvence 199
La licorne bleue et la colombe 237
Conclusion 315

Références bibliographiques

[i] Gn,9.17
[ii] Gn,15.1
[iii] Gn,17.1
[iv] Ex,19.5
[v] Ex,19.8
[vi] Ex,19.23
[vii] Ex,19.11
[viii] Ex,20.19
[ix] Ex,20.20
[x] Ex,20.21
[xi] Ex,21.12
[xii] Ex,22.18
[xiii] Ex,22.27
[xiv] 2Sm,5.7
[xv] Ps,89.4
[xvi] Ps,89.8
[xvii] Ps,89.13
[xviii] Ct,4.8
[xix] Ps,89.15
[xx] 1Sm,20.8
[xxi] Jr,34.15
[xxii] Gn.31.44
[xxiii] Gn,8.11
[xxiv] Pr,3.18
[xxv] 1Ch,12.23
[xxvi] Jos,1.3
[xxvii] 1Sm,17.35
[xxviii] Pr,13.12
[xxix] 1Sm,2.6

MIXTE
Papier issu de sources responsables
Paper from responsible sources
FSC® C105338